AF884123

प्रोफेसर

प्रोफेसर

रांगेय राघव

अनन्य प्रकाशन

प्रकाशक : **अनन्य प्रकाशन**
ई–17, पंचशील गार्डन, नवीन शाहदरा
दिल्ली–110032
फोन नं. 011–22825606, 22824606
E-mail : prakashanananya@gmail.com

संस्करण : 2024

आईएसबीएन : 978-81-961081-8-2

मूल्य : ₹ 95

शब्द–संयोजन : कम्प्यूटेक सिस्टम, दिल्ली–110032

मुद्रक : हर्ष प्रिंटर्स, दिल्ली–110094

PROFESSOR
by Rangeya Raghava

प्रोफेसर

रात की रानी की सुगन्धि फैल रही थी। निर्मला सलवार-कुर्ता पहने और ओढ़नी ओढ़े उसकी गन्ध की मादकता से मन-ही-मन विभोर हो रही थी। सामने दूर तक फैले हुए लॉन पर ओस की बूंदें जमा थीं। प्रभात की पहली किरणें गुलदाउदी पर एक अजीब मस्ती बिखेरती चली जा रही थीं। बाईं ओर एक विशाल पीपल का वृक्ष था जो दूर से सफेद दिखता, और उसको देखकर निर्मला को यह आभास होता जैसे वह कोई देवता था। माली उसपर पानी चढ़ाता। उस वृक्ष के चरणों पर विगत शताब्दियों के अवशेषस्वरूप एक शिव की खंडित मूर्ति रखी थी। सघन वृक्षों के बीच में उड़ते हुए पक्षियों का कलरव ऐसा लगता मानो बहुत-से सपने खंड-खंड होकर बिखर गए हों। निर्मला अपने मन ही मन विमुग्ध हो रही थी। उसको लग रहा था कि आज उसके जीवन में एक नया मोड़ आया है।

मोड़ एक वह मुकाम है जहां ज़िन्दगी की हर करवट अपने अरमानों को नये सिरे से संजोने लगती है। हर बार इन्सान यही समझता है कि सीधी राह केवल क्षितिज के शून्य से लय हो जाती है और मोड़ एक रंगीले स्वप्न, एक विभोर कल्पना का प्रतीक है। वह आगे बढ़कर बैगनी फूलों के पास खड़ी हो गई। उसके मुख से निकला—वायलेट्स! और तभी उसका ध्यान गया कि उसकी ओढ़नी भी वायलेट के ही रंग की थी। भीतर से आवाज़ आई—बीवीजी!

निर्मला ने देखा, बूढ़ा नौकर था, माधो। बचपन से मातृहीना निर्मला को इसी ने अपनी समस्त ममता उंडेलकर पाला था। निर्मला जब भी उसे देखती, उसको लगता कि करुणा की एक प्रतिमूर्ति उसके सामने खड़ी थी। माधो के केश सफेद हो गए थे। माथे पर झुर्रियां पड़ गई थीं। उसकी उदास-सी आंखें मानो यह कहा करती थीं कि किसी समय उसका भी एक काफिला था, जो

समय के वन में वर्षों के लुटेरों ने लूट लिया था। लेकिन वह निरन्तर आगे बढ़ता चला आया था। इस आशा में नहीं कि आगे कोई बाज़ार मिलेगा, जिसमें वह अपना माल बेच सकेगा, क्योंकि वह कहा करता था—मेरे पास कुछ भी नहीं है, बीवी। माटी का मोल माटी दे न सकी।—किस प्रकार माधो में दर्शन की झलक आ गई थी, यह समझना अब निर्मला के लिए कठिन नहीं था क्योंकि वह जानती थी कि उसके पिता उमाशंकर दर्शनशास्त्र के प्रकाण्ड विद्वान, यूनिवर्सिटी के प्रोफेसर थे। उसने कभी भी जीवन में यह नहीं देखा कि उसके पिता सिनेमा देखने भी गए हों। उनके कमरे में बड़े-बड़े ग्रन्थ रहते और वे उनमें डूबे रहते।

निर्मला ने बरामदे में प्रवेश किया। उसने देखा, यूनिवर्सिटी का एक लड़का खड़ा था। वह एक धोती और एक कुर्ता पहने था। उसकी आंखें बुझी बुझी-सी लगती थीं। उसका मुख किसी भी प्रकार से आकर्षक नहीं था। दैन्य ने मानो उसके मुख पर एक नीरसता की रेखा खींच दी थी और हीनत्व की भावना उसकी आंखों में से ऐसे झांकती थी जैसे वृक्ष के कोटर में से पक्षियों के शावक भयभीत-से झांका करते हैं। निर्मला को देखकर जैसे वह सकपका गया। निर्मला को याद नहीं आया कि उसने इसे कभी देखा भी हो। उसके सामने जो लड़के बैठते थे, उनको वह जानती थी। वे स्मार्ट[1] थे उनमें यौवन स्फुरित होता था। वे अंग्रेजी में बात करते थे। किन्तु यह यूनिवर्सिटी में ऐसा था जैसे पाश्चात्य जगत् के प्रभाव से विकसित किसी महानगर में गांव का कोई टुकड़ा आ गया हो। लड़के ने अटकते हुए पूछा—प्रोफेसर साहब हैं?

माधो की दृष्टि जैसे और धूमिल हो गई। निर्मला ने कहा—आपको क्या काम है?— प्रश्न जैसे उस लड़के की सत्ता को विभाजित करके देख रहा था मानो यह उसके अस्तित्व की उपेक्षा थी।

लड़के ने कहा—मेरी परसेण्टेज फॉल हो रही है, इसलिए मैं चाहता था कि किसी तरह मेरी हाजिरी पूरी हो जाएं। मैं वर्मा साहब से मिला था। उन्होंने मुझसे कहा कि वे कुछ भी नहीं कर सकेंगे। मेरा केस सच्चा है। मैं गांव चला गया था, क्योंकि मेरे मामा पर लोगों ने हमला किया था और पुलिस-केस हो गया था। उसके सिलसिले में मुझे काफी दिन वहां रहना पड़ा और अब मुझे

1. फुर्तीले

पता चला कि मेरी परसेण्टेज कम हो गई है।

निर्मला ने बात काटते हुए कहा—आप जानते हैं, पिताजी की स्टडीज़ में अगर कोई डिस्टर्ब करता है तो वे उल्टे नाराज हो जाते हैं। हम लोग भी उनके पास नहीं जाते। वे चाय पीने के लिए भी मेज पर नहीं आते। उनके सामने चाय पहुंचा दी जाती है और कभी-कभी वे इतने डूबे रहते हैं कि चाय ठण्डी हो जाती है और उन्हें इसका ध्यान भी नहीं रहता। वैसे आप अपना नाम और पता वगैरह दे जाइए, जब उन्हें फुर्सत होगी तब मैं उनसे जिक्र कर दूंगी।

यह कहते हुए उसकी आंखों में एक गर्व की भावना झलक आई जैसे वह उस पर एक करुणा कर रही थी। और उसने फिर कहा—आप उनसे कालेज में मिल लीजिए।

जिस घर में बिजली फेल हो जाती है, उसमें लोग सहेजकर रखी मोमबत्तियां जलाते हैं, लेकिन जब मोमबत्ती अपने प्रकाश में लोगों को पथ नहीं दिखा पाती तब लोग उसकी निन्दा करने लगते हैं। ठीक यही हुआ। उस लड़के के मुख पर भाव अभाव बन गया। उसे लगा कि वह बिजली की रोशनी के बुझने के पहले ही मोमबत्ती बनकर जलने लगा, अतएव उसकी सत्ता का निरादर आवश्यक था क्योंकि वह दरिद्र था।

दरिद्रता हिन्दुस्तानियत का प्रतीक है और प्रगति तथा विकास जो धन के माध्यम से प्राप्त होते हैं, वह उसके पास नहीं है। उसने धीरे से कहा—मेरा नाम आपको शायद याद न रहे—महेश। मैं प्रीवियस में हूं, एम.ए. प्रीवियस में।

निर्मला ने कहा—मैं याद रखने की कोशिश करूंगी।

उस समय प्रोफेसर उमाशंकर और काण्ट का तुलनात्मक अध्ययन कर रहे थे। निर्मला कमरे में जाकर खड़ी हो गई। प्रोफेसर के सिर के बाल घने थे। सामने से कलोंच में जैसे सफेद जाला पुर गया था। निर्मला की सत्ता को उन्होंने जैसे देखा नहीं। माधो ने मेज पर चाय लाकर रख दी। उन्होंने उधर नहीं देखा। उनकी लम्बी नाक और पैनी आंखें नीचे ही गड़ी रहीं और वे पढ़ते रहे। माधो ने एक बार निर्मला की ओर देखा और मुस्कराया मानो उसे इसका अभ्यास हो चुका था। जिस प्रकार समुद्र के तट पर निरन्तर लहरें आकर टकराया करती हैं और एक दुर्दम्य हाहाकार-सा अनवरत स्वर गूंजा करता है; श्रमसाध्य

तरंगायित आन्दोलन जहां अपने-आपको वीचियों में परिणत कर लेता है, वहां नीरवता और कोलाहल में भेद बाकी नहीं रह जाता। माधो के लिए प्रोफेसर की दिनचर्या उस समुद्र के समान थी जो बार-बार पृथ्वी से टकराता था और हाँफ-हाँफकर लौट जाता था। माधो को लगता जैसे प्रोफेसर एक विशाल वन के समान था, इसमें बहुत कुछ सुन्दर था, किन्तु बहुत कुछ बीहड़ भी था। किन्तु उसी वन में एक फूल उगा था। वह थी निर्मला, जिसे माधो ने सहेजकर पाला था और आज तक प्रोफेसर ने इसकी कृतज्ञता का ज्ञापन भी नहीं किया था। माधो यह नहीं चाहता था कि उसके इस उपकार की स्वीकृति की जाए। उसके जीवन की अपनी भूख थी क्योंकि वह अपनी सन्तानों को खो चुका था। आकाश के इन्द्रधनुष को देखकर जिस प्रकार पक्षी कलरव करते हैं, उस प्रकार कल्लोल करने की सामर्थ्य साधो की नहीं थी। वह विजन के निर्मम तीर पर बैठा था, उस अरूप की प्रतीक्षा करता हुआ जिसे वह स्वयं नहीं जानता था।

कितनी देर बीत गई। प्रोफेसर उमाशंकर को जैसे अवकाश नहीं था। बाहर बरामदे में किसी के भारी जूते बज उठे। प्रोफेसर का ध्यान हट गया। कमरे में प्रवेश किया इंजीनियर नरेश ने। वह हाल में ही विलायत से लौटा था। भौंहें खिंची हुई थीं। स्वस्थ था। पतलून और ऊंची बुशर्ट पहने वह अपनी रोनेल्ड कॉलेमैन जैसी मूंछें लिए वास्तव में आकर्षक लगता था। यद्यपि उसे सुन्दर किसी प्रकार से कहना अनुचित था। जब उसकी कार पोर्टिको में खड़ी हुई थी, तभी निर्मला समझ गई थी कि वह आ गया है। और उसे लगा था कि जिसकी उसे प्रतीक्षा थी वह उसके पास आ गया है। प्रोफेसर ने आंख उठाकर देखा और कहा—हलो। तुम हो, नरेश? तुम्हारा क्या ख्याल है, शंकर ने तो यह कहा है कि ब्रह्म एक है और दूसरा कुछ नहीं है। तो तुम समझते हो कि यह जो पश्चिम का विकास हुआ है, यह इस स्टैण्डर्ड से एक मायाजाल नहीं है?

नरेश देखता रहा। मुस्कराहट उसके होंठों पर फैल गई और उसने कहा—नो, डैडी। मैं इस बारे में कुछ नहीं जानता। मुझसे मेटल्स[1] के बारे में पूछिए। मैं बता सकता हूँ कि कितनी गरमाई पर लोहा किस प्रकार पिघलेगा। किस तरह से उसे फौलाद बनाया जा सकता है। लेकिन शंकराचार्य ने क्या कहा था, यह बताना मेरे लिए मुश्किल है।

1. धातुओं

प्रोफेसर हो-हो करके हंसे और कहा—वैल सेड[1]। वैल सेड।—और फिर जैसे उन्हें याद आया। उन्होंने सिर हिला-कर कहा—अच्छा, तुम लोग घूम आओ। मुझे अभी काम बाकी है।—प्रोफेसर का विशाल भाल फिर झुक गया जैसे उसके लिए वहां कोई भी बाकी नहीं था।

2

कश्मीरी गेट के बाहर कुछ भिखारी लोग बैठे हुए थे। एक गंजे सिर का भिखारी अपने पांव पर पट्टी बांधे हुए था! जब अंधेरा हो गया तो पास बैठे एक भिखारी ने कहा—चचे, अब तो यार पट्टी खोल दे। कसम से, आज तो इसकी सड़ांध से मेरा भेजा सड़ गया।

बूढ़े ने कठोर स्वर से हंसकर कहा—बेट्टा, तिजारत है तिजारत। लोग सफेद-पोशी से तिजारत करते हैं और हमें भगवान ने यह जरिया दिया है। हम इसका इस्तेमाल करते हैं।

युवक भिखारी ने रोटी अपनी झोली में से निकालते हुए कहा—ले चचे।

बढ़े ने कहा—यह तू दो आने ले पहले और ज़रा भगकर चला जा, कुछ नमकीन ले आ।

कोने में से सख्त पत्थरों पर पड़ी एक औरत ने छटपटाते हुए कहा—ए देनेवाले, उठा ले!

नौजवान ने मुड़कर कहा—बुआ, क्या हुआ? अभी जी रही है, मरी नहीं?

बुढ़िया कराह उठी और उसने कहा—अय जवानी के भूले, हम भी कभी झूले में झूले थे। आह...और फिर कराह कर उसने कहा—अभी तो तेरी आंखें मिच रही हैं बेटा।—और वह फिर कराहने लगी

बूढ़े ने कहा—क्यों री हरामज़ादी, लौंडे को देखकर जलती है! तेरे बाप का इसने क्या लिया है? मैं तो कहता हूं कि लौंडा निहायत नेक है। वक्त की बात है।—और उसने थोड़ा उदास होते हुए कहा—हम भी कभी जवान थे।

जवान लड़का कुछ नमकीन लेने चला गया था। बूढ़े ने उस वृद्धा से

---

1. ठीक कहा

कहा—अनोखी, क्या बात है?

बूढ़ी ने कहा—कुछ नहीं, भैया, दांती बज रही है। हड़कम्प छा रहा है। पता नहीं पेट में से इतना जाड़ा कहां से निकलता चला आ रहा है। मेरी कमली में जैसे बिलकुल बोझ ही नहीं रहा। तू ज़रा मेरी आंतों को दबा दे।

बूढ़े ने कहा—तुझे तो मलेरिया चढ़ रहा है। कोई फिकर की बात नहीं। अभी शुरू हुआ है, थोड़े-बहुत दिन चलेगा। मुझको भी चढ़ा था। कोई तीन महीने रोज आया। रोज ही तो आया। ऐसा छोड़कर चला जाता था जैसे निचोड़कर चला गया हो। मैं टुकुर-टुकुर ताका करता था सड़क पर पड़ा हुआ। धूप वैसे चिलचिलाया करती थी उन दिनों। शाम तक माथा भन्नाटा लेने लगता था।

बूढ़ी को जाड़ा अब और अधिक बढ़ गया था। उसने कांपते स्वर से कहा—अब तो मर जाऊं तो अच्छा है।

बूढ़े ने कुछ नहीं कहा। वृद्धा को कंपकंपी चढ़ती रही। जब जवान लड़का लौट आया, उसने दालसेव की पुड़िया बूढ़े के सामने खोल दी और फिर उसने कुछ कलेजियां निकालीं। बूढ़े ने कहा—यह कहां से ले आया बे बिलासी!

लड़के ने हंसकर कहा—चचे, मेरी कमाई है। मैंने कहा, चलो आज दावत ही हो जाए।''

और वे दोनों एक-दूसरे के सामने बैठ गए। लड़के ने कहा—बूआ, आ जा। कुछ तू भी चख ले।

बुढ़िया के दांत बज रहे थे। उसने कहा—अरे आग लग जाए तुझमें, मैं मर रही हूं। कोई मेरे पेट पर चढ़ जाए।

बूढ़े ने बड़ी गम्भीरता से कहा—अरी, वह तो बुखार चढ़ रहा है, उससे खाने से क्या मतलब। जिसने खाना छोड़ा, वह मरा। खाते चलो क्योंकि पेट की दोजख का बुखार सबसे बड़ा बुखार होता है। इस पेट के लिए दुनिया में इतने फरेब और मक्कारियां चल रही हैं। मैं ठीक टांग लिए हुए दिन-रात चिथड़े बांधे और लंगड़ा बने पड़ा रहता हूँ। इस पेट के लिए लोग एक-दूसरे की जय बोलते हैं। पेट में अगर कुछ नहीं जाए तो मैं कहता हूं कि परमात्मा भी किसी को नहीं बचा सकता। आ जा, हरामजादी कुछ खा ले।

बुढ़िया आज बर्राने लगी थी। जवान उसे करुण दृष्टि से देखता रहा।

वृद्ध ने कहा—और अनोखी, तू तो जवानी में ही ऐसी अनोखी थी। तब तुझे गरमाई के बुखार चढ़ते थे, अब तुझे जाड़े के बुखार चढ़ते हैं। अबे लौंडे,

खाना शुरू कर। यह तो बेटा, फुटपाथ है। यह भी एक सराय समझो, खुले आसमान के नीचे रहना, धरती के बिस्तर पर सोना। जब मैं छोटा था तब यहां दूसरे ही लोग रहा करते थे। मेरे देखते-देखते दिल्ली बदल गई। पहले जो फटी चप्पलोंवाले कांग्रेसी पिटाई खाते थे, आज वे गोरों की जगह बैठे हुए लम्बी मोटरों पर चढ़ते हैं। पर बेटा, तब मेरा बाप इस सड़क पर बैठता था और उसके साथ मैं बैठा करता था। राज बदल गया, अब मैं बैठता हूं, मेरे साथ तू बैठता है। यह सब माया का जाल है, बेटा। इसमें कोई तथ्य नहीं। यह तो जितने दिन की भुगतनी है, भुगत ले।—यह कहकर बूढ़े ने एक कलेजी उठाकर मुंह में रखते हुए कहा —यार, बड़ी, जायकेदार बनाई है, साले ने।—और फिर जैसे उसकी करुणा जाग उठी। उसने मुड़कर कहा—हरामजादी, एक बार चखकर तो देख ही ले। तू तो खून की कमीन है, हमें तो तूने कभी नहीं खिलाया। लेकिन हमारा दिल रईस रहा है और है। तब भी खिलाते थे और अब भी खिलाते हैं।

अन्धकार में एक लड़का बिजली के खम्भे के सहारे खामोश-सा खड़ा था। उसके चेहरे पर रोशनी पड़ रही थी। बिलासी ने कहा—चचे, बिजली के लट्ठे के नीचे कौन खड़ा है? मुझे तो कोई इश्क का मारा नज़र आता है।

बूढ़े ने कहा—बेटा, यह जवानी एक ऐसी चीज है जो अमीर से लेकर गरीब की आंखों पर इश्क का नशा चढ़ा देती है। और मुझे ऐसा लग रहा है कि यह कोई दुखियारा है।

जैसी उसकी बातें बिजली के नीचे खड़े लड़के ने सुन ली थीं। उसने उनकी ओर देखा और धीरे-धीरे अंधेरे की ओर बढ़ चला।

"कौन?" अन्धकार में स्वर आया।

"मैं हूँ, महेश।"

"यहां क्या कर रहे हो तुम?"

"कुछ नहीं।"

"कुछ नहीं तो अंधेरे में क्यों खड़े हो?"

महेश जैसे उत्तर नहीं दे पाया। उसने कहा—परसेण्टेज पूरी नहीं हुई। यह कहते-कहते जैसे उसका गला रुंध गया।

अंधेरे में दूसरे व्यक्ति ने कहा—अरे तो मरता क्यों है यार। अगले साल इम्तहान दे लेना।

महेश के मुंह से निकला—नहीं दयानाथ, तुम नहीं जानते। अब पढ़ना

मेरे लिए नामुमकिन है।

"तो तू प्रोफेसर उमाशंकर से मिला या नहीं?"

"हां, मैं मिला था। उसकी लड़की ने मुझसे सुबह कहा था कि वह उनसे खुद कह देगी। मैं लाइब्रेरी में उनसे मिला तो मैंने इसका ज़िक्र कर दिया। प्रोफेसर साहब ने कहा—नहीं, मुझसे तो किसी लड़की-वड़की ने कुछ नहीं कहा। और परसेण्टेज तो पूरी कैसे की जा सकती है। गांव में दंगे होते हैं, फसाद होते हैं, लोग जायदाद के पीछे लड़ते हैं, तो इसमें यूनिवर्सिटी क्या कर सकती है? हां, अगर यह होता कि तुम बीमार होते तो शायद केस कन्सिडर किया जाता।[1] लेकिन अब तो कोई गुंजाइश नहीं है।"

वे दोनों चले गए। बुढ़िया फिर कराहने लगी। हवा कुछ तेज़ हो चली थी। धीरे-धीरे इन लोगों का खाना खत्म हो गया और वहीं फुटपाथ पर लेट गए। कुत्ते भौंकने लगे। कभी-कभी गुजरती मोटरें कुछ आवाज-सी करती हुई निकल जातीं लेकिन इन लोगों को जैसे कुछ भी ज्ञात न होता।

3

संसार के विदेशियों को आकर्षित करनेवाली राजधानी दिल्ली के विशाल कनॉट प्लेस में घिरावदार बरामदे के खम्भों के पीछे एक बहुत ही खुशनुमा दरवाजे पर लिखा हुआ था—'गुहा'। आश्वस्त करों से इंजीनियर नरेश ने उसका द्वार खोलते हुए कहा—कम इन निर्मला, इट इज वन ऑफ दी फाइनेस्ट प्लेसेज आई हैव कम अक्रोस।[2]

निर्मला ने कहा—ओह स्वीट।[3]

भीतर जाकर वे लोग एक कोने में पड़ी मेज के पास बैठ गए। चारों ओर वह आवाजें सुनाई दे रही थीं जिन्हें खामोशी कहा जा सकता था। छतों से चीनी कंदीलें लटक रही थीं जिनके स्विच बगल में ही थे। इंजीनियर ने बैठने के बाद कहा—बत्ती बुझा दूं।

---

1. विचारणीय होता 2. निर्मला, भीतर आओ। मेरो देखी हुई जगहों में मैंने इसे बहुत अच्छा पाया है। 3. मधुर

निर्मला पहले नहीं समझी। उसने उसकी ओर आंख उठाकर देखा मानो वह क्षण-भर कुछ चकित-सी थी और कुछ असमंजस में पड़ गई थी। संस्कार ने कहा कि यह व्यक्ति शायद अभद्र है किन्तु सौजन्य के कारण वह अपने आक्रोश को प्रकट नहीं कर सकी क्योंकि आखिर तो वह उसका होनेवाला पति था। परन्तु फिर भी वह उसकी बात को जैसे अपने मन में नहीं बिठा सकी। नरेश ने हाथ बढ़ाकर स्विच दबाकर बत्ती बुझा दी।

"ओह!" निर्मला के मुंह से निकला। अब उसने चारों ओर देखा।

नरेश ने कहा—मुझे यह जगह बहुत पसन्द है। अभी हाल में खुली है। किसी बहुत ही आर्टिस्टिक आदमी की सूझ है यह। अब यह नहीं है कि हमें उजाले में ही बैठना पड़ेगा। जब हम चाहें तब अपने सामने की बत्ती बन्द करके अपने को अंधेरे में करके सबको खामोशी से देखते रह सकते हैं। कितनी शान्ति है यहां। लोग आ-जा रहे हैं लेकिन वह हमें डिस्टर्ब नहीं कर सकते। यह एक कल्पना-लोक है। मैं समझता हूं मैंने ठीक वर्ड यूज[1] किया है न। मेरा मतलब, यह एक तरह की बोहीमिया[2] है, यहां लोग जोर से नहीं बोलते। तुमने एक बात नोट की?

निर्मला ने उसकी ओर देखा मानो वह पूछ रही थी। उसमें जैसे एक जादू-सा उतरता चला आ रहा था। उसने दिल्ली के अनेक रेस्ट्रां देखे थे लेकिन यह एक चमत्कार की चीज़ थी। इसमें एक नयापन था। नरेश ने हंसकर कहा—एक गुहा है यानी केव[3] यानी वह जगह जहां कभी आदिम लोग रहा करते थे। जंगल में काम करके आते थे, शिकार खेलकर, थके-मांदे और गुफा में सब लोग बैठ जाया करते थे। इसकी दिवालें बिलकुल गुफा जैसी मालूम पड़ती हैं!

निर्मला ने देखा और कहा—लवली![3]

उसके बाद उसे ऐसा लगा जैसे वह सचमुच एक ऐसे स्थान पर आ गई थी जहां कोई कोलाहल नहीं था। राजधानी के कोलाहल से दूर सभ्यता के बीच में बैठे हुए भी उसे ऐसा लगने लगा जैसे वह कोई आदिम युग की स्त्री थी और सामने बैठा हुआ उसका मंगेतर नरेश उसकी प्रागैतिहासिक काल का कोई पुरुष था। क्षण-भर में ही उसे लगा कि वह नायलोन की साड़ी नहीं पहने थी बल्कि उसके शरीर पर पत्तों के वस्त्र थे और उसके सामने बैठा नरेश चिकने

---

1. शब्द व्यवहार 2. कल्पनालोक 3. गुफा, 3. सुन्दर

गालोंवाला व्यक्ति नहीं, बल्कि घनी दाढ़ी-मूछोंवाला भीमकाय पुरुष था, जिसकी भुजाओं में सिंहों से लड़ने की शक्ति थी। उसने कहा—ओह, ब्यूटिफुल![1] वह एज[2] भी क्या एज रही होगी, उसमें कितना रोमांस था जिन्दगी में! कितने खतरे थे! आज की जिन्दगी में कितनी उबा देनेवाली एक थकान है। तुम कभी इसको महसूस करते हो?

उस समय नरेश पास की मेज़ पर बैठी हुई एक लड़की और लड़के को देख रहा था। लड़को का चेहरा ऐसा लगता था जैसे वह जाग नहीं रही थी बल्कि सो रही थी। उनको देखकर एक तरह की कुहुक-सी पैदा होती थी लेकिन वह मॉडर्न[3] थी और कटाक्ष करती चली जा रही थी और सामने के युवक को शायद ऐसा लग रहा था जैसे किसी चाय की केतली के ढक्कन के खुल जाने से भाप उमड़ती चली जा रही हो और उसके मन में आ रहा हो कि वह उस चाय को पी जाए और अपने भीतर समा ले।

निर्मला ने इसका अनुभव किया और उसने कहा—हाउ अगली।[4]

नरेश मुस्कराया। उसने कहा—अच्छा, तुम क्या पिओगी, कॉफी या चाय?

इससे पहले कि निर्मला उत्तर देती दो पहियोंवाली सफेद रंग की गाड़ी ढकेलते हुए एक और गुहा-मानव वहां आ गया। वह सिर पर एक सफेद साफा बांधे था। उसके लम्बे कोट पर कमर पर एक पट्टी थी और उसकी गाड़ी पर कुछ खाने के सामान रखे हुए थे। नरेश ने कुछ खाने के सामान उनमें से निकाल लिए, वह बैरा चला गया। तब दूसरे ने आकर उनके सामने एक जलते बर्नर पर एक छोटी-सी तिपाई पर फ्लाक्स में सुर्ख-सी रंग की कॉफी लाकर रख दी और वह भी चला गया। नरेश ने मुस्कराकर कहा—जानती हो न, यह कॉफी गरम रखने का कितना अच्छा तरीका है। लेकिन यह इसका मकसद नहीं, यह हमें यह याद दिलाने को है कि हम एक गुफा में बैठे हुए हैं। हम लोग आदिम काल के स्त्री-पुरुष हैं और जैसे वे लोग गुफा में जगह-जगह आग जलाकर अपना-अपना खाना पकाते थे उसी तरह हम भी पका रहे हैं। हाउ इंटरेस्टिंग[5] हाउ इंटरेस्टिंग।

निर्मला को लगा जैसे वह रोमांचित हो उठी और उसने कहा—सच, कैसा

---

1. सुन्दर 2. युग 3. आधुनिक 4. कितना कुरूप, 5. कितना दिलचस्प

रहा होगा वह जमाना। कैसा रहा होगा उस जमाने का कल्चर[1]। —बगल की मेज से आवाज़ आई। धीमी फुसफुसाती। एक सरदारजी सामनेवाले व्यक्ति से कह रहे थे—देखिए, हम आपको सारा माल तो सप्लाई कर देंगे लेकिन सवाल यह है कि जो टर्म्स हमने आपको दिए हैं अगर उनसे बढ़कर कोई आपको दे तो आप बीच में हमसे फिर ऐसी कोई बात नहीं करेंगे कि हमको कोई नुकसान हो जाए। क्योंकि आप तो जानते हैं कि आजकल का जमाना कम्पीटिशन[2] का है।

निर्मला का मन यह सुनकर जैसे तिक्त हो गया। गुहा और फिर व्यापार के टर्म्स, दो अलग चीजें थीं। नरेश जैसे समझ गया और उसने कहा—अरे दुनिया है। ये लोग यहां आर्ट के लिए नहीं आते। ये तो एक खामोश जगह समझकर चले आते हैं जहां धीरे-धीरे बातें हो सकें।

निर्मला को मनस्तुष्टि हुई। इसका मतलब यह है कि नरेश जानता है कि वह आर्ट के प्रति कितनी आकर्षित है और उसे क्षण-भर ऐसा लगने लगा कि जैसे वह आर्ट के लिए ही जी रही थी। गुहा की नीरवता जैसे अब उसे सम्मोहित करने लगी थी। नरेश ने बिलकुल विलायती ढंग से कॉफी डाली और बिलकुल बीसवीं सदी के तरीके से उसे निर्मला के सामने पेश किया। और उसने थैंक्स[3] कहकर उसे स्वीकार कर लिया। फिर नरेश कुछ कंधे उचकाए, बफरता-सा जबड़ों को होंठ-मुंह से हिलाता हुआ अमरीकी ढंग से खाने लगा, और अपनी पतली उंगलियों से थोड़ा-थोड़ा तोड़कर बहुत थोड़ा-सा मुंह खोलकर निर्मला उसकी ओर मुस्कराती हुई चबाने लगी, जिसको देखकर यह भ्रम होता था कि शायद इसकी खुराक चौबीस घंटे में एक तोला-डेढ़ तोला से ज्यादा नहीं होगी, और फिर निर्मला ने कहा—कैसा मजा रहता होगा जब गोश्त पकता होगा और गुहा में आदमी और औरतें उसको खाते होंगे!—और उसे ऐसा लगने लगा जैसे वह आदिम गुहा की नारी थी और अब गोश्त का टुकड़ा ही खा रही थी। नरेश ने मुंह भरे हुए सिर हिलाया और फिर एक बार कंधे उचकाकर अपने बाएं हाथ की मुट्ठी खोल दी और कहा—टेस्ट[4] की बात है निर्मला। इट इज ए मैटर ऑफ टेस्ट[5]। जब तक आदमी अपने को कुछ रोमांटिक नहीं बना लेता तब तक उसकी जिन्दगी में कुछ मजा नहीं रहता। हजारों आदमी इन सड़कों पर

---

1. संस्कृति, 2. प्रतियोगिता, 3. धन्यवाद, 4 रुचि, 5. यह रुचि का विषय है

घूमते हैं; वे लोग कभी इन बातों के बारे में सोचते भी नहीं। इन लोगों को मैंने देखा है कि अच्छी तस्वीर को देखकर खुशी नहीं होती। यह तो तुम भी मानोगी कि दुनिया में पैसा ही सब कुछ नहीं।

निर्मला ने कहा—ऑफकोर्स[1]। इंसान की जिन्दगी में अगर प्रेम नहीं है, इस मामले में तो मैं समझती हूं कुछ भी नहीं है।

एक नया बैरा फिर सामने से गाड़ी को धकेलता हुआ फेरी लगा गया। "आइसक्रीम लोगी?" नरेश ने पूछा तब गुहा-नारी ने कहा—आइसक्रीम खा लूंगी।—और दूसरी मेज पर से आवाज आई धीमी-सी—तुम्हारा क्या खयाल है, यह जो अपना पिक्चर बन रहा है अगर यह हिट नहीं गया तो बम्बई में रहने को हम लोगों को जगह मिलेगी? सेठ रोनावाला मेरे पीछे काफी रुपया खर्च कर चुका है। वह आदमी बहुत पैसेवाला है, लेकिन तुम जानते हो वह चाहता है कहीं लोग उसे आर्टिस्ट कह सकें। उसने मुझे फाइनेंस किया है और असल में देखा जाए तो आज के जमाने में असली आर्टिस्ट वही हो सकता है जो नाम कमाना नहीं चाहता। मुझे अगर आप उसके लिए आगे बढ़ाते हैं तो इस दुनिया में आर्ट बाजार के सामान की तरह बिकता है और अच्छी से अच्छी चीज को भी बाजार के मोल में बिकना पड़ता है। सिनेमा लाइन में मैं क्यों आया? क्योंकि हिन्दी का लेखक होने से तो मैं समझता हूं कि ठेले पर साग बेचना ज्यादा इज्जत की चीज है। हम लोग हिन्दुस्तान में आज उस युग में रहते हैं जिसमें हम हिन्दी में मरते हैं, अंग्रेज़ी में जिन्दा रहने के लिए, क्योंकि हम लोग दिमागी गुलाम हैं। जिस तरह नेपोलियन के हमले के जमाने में रूस में पढ़े-लिखे लोग फ्रेंच बोला करते थे। सच, हमें इसकी शर्म भी नहीं रही। तो इसलिए मैं फिल्म में आया, और आर्ट बम्बई के स्टुडियो में जाकर कितनी खतरनाक चीज बन जाता है, उतना मैं समझता हूं और कोई नहीं हो सकता।

नरेश ने मुड़कर देखा और निर्मला ने धीरे से कहा—लोग पैसे के लिए खुद मिस्टेक[2] करते हैं और आर्ट को बदनाम करते हैं। मैं नहीं समझती कि इन लोगों को इसका क्या अधिकार है।—आधा घंटा बीत गया। तब उस गुफा में अपने-आप ही उन दोनों का दम घुटने-सा लगा। सभ्यता के आडम्बरों से विकृत मनुष्य गुहा-मानव बनने का स्वप्न लेकर बर्बरता के काल्पनिक सौंदर्य

---

1. निश्चय ही, 2. गलती

की छलना में जैसे अधिक नहीं छल सका, अधिक नहीं बह सका। वैरा बिल ले आया। गुहा-मानव नरेश ने खड़े होकर पतलून के पीछेवाली जेब में दो उंगलियां डालकर एक दस रुपये का नोट बाहर खींच निकाला और उसकी तश्तरी में रख दिया। बैरा चला गया। लौटकर उसने कुछ पैसे दिए। गुहा-मानव नरेश ने कुछ पैसे गौरव से छोड़ दिए। गुहा-मानव बैरा ने उसे अदब से सलाम किया और चला गया। तब गुहा-नारी निर्मला ने अचानक ही धीरे से पूछा—कितना बिल बैठा?

गुहा-मानव नरेश ने अपनी निश्चिन्तता दिखाते हुए कहा—कुछ नहीं, यही साढ़े सात रुपये।

निर्मला ने भीतर ही भीतर जीभ काट ली, लेकिन इस डर से कि कहीं उसकी आर्ट और कल्चर की प्रसिद्धि में कमी न आ जाए, धीरे से कहा—बट इट इज़ रियली आर्टिस्टिक, इट इज वर्थ इट।''[1]

जब वे लोग बाहर आए, निर्मला ने देखा, एक मैली निकर और मैली कमीज पहने हुए एक लड़का बाहर खड़ा था। उसके पांव नंगे थे, कमीज फटी हुई थी। उसने गुहा के द्वार पर ही हाथ फैलाकर एक रसीद की कापी आगे बढ़ा दी और कहा—श्रीमानजी...

''वॉट?''[2] नरेश ने तिरस्कार से कहा—क्या है?

लड़के ने फिर कहा—श्रीमानजी...

लेकिन उसके कहने के पहले ही गुहा में से एक खाता-पीता बर्बर बाहर निकला और उसने उस लड़के को धक्का देते हुए कहा—श्री मा न जी...गेट आउट यू स्वाइन।[3] यह भीख मांगने की जगह है? भले आदमियों का चलना भी मुश्किल कर दिया है।

निर्मला ने उस लड़के के चेहरे पर असीम व्यथा देखी, किन्तु तब तक नरेश एक टैक्सी को इशारा कर चुका था।

---

1. पर यह सचमुच कलात्मक है, इसके योग्य है, 2. क्या 3. निकल जा सूअर।

4

माधो ने अपना सिर खुजाया। घड़ी ने टन-टन करके ग्यारह बजाए। माधो चौंककर उठ बैठा और उसके मुँह से निकला—बीबी नहीं आई अभी तक।—फिर उसने कहा कि यहां आकर कहीं कमरे में सो न गई हो। लेकिन फिर उसने खाना कैसे खाया होगा, महाराज तो खाना रेफ्रिजरेटर में रखकर चला गया था। माधो ही तो उसे गरम करके खिलाता था। वह उठ पड़ा और दूसरे कमरे में जाकर उसने रेफ्रिजरेटर खोलकर देखा, खाना ठंडा था उसने मोटा पर्दा हटाया। निर्मला के कमरे में अंधेरा छा रहा था। फिर उसके मुंह से निकला—इतनी देर कहाँ लग सकती है?—वह ड्राइंग रूम में लौट आया। प्रोफेसर उमाशंकर के कमरे के दरवाज़े की संध में से रोशनी का एक टुकड़ा जैसे बह-बहकर सामने के चमकदार फूलदान पर अब धब्बे की तरह इकट्ठा होता जा रहा था। माधो क्षण-भर वहां ठिठक गया। जैसे वह असमंजस में पड़ गया हो कि भीतर घुसे या नहीं। उसका साहस नहीं हुआ। लौटकर उसने बंगले के बाहर चक्कर लगाए। पीपल की खड़खड़ाहट ने क्षण-भर के लिए उसका ध्यान अपनी ओर आकर्षित किया। अन्धकार में उस समय खंडित शिव की प्रतिमा दिखाई नहीं दे रही थी। फिर भी एक अज्ञात आशंका से बूढ़े माधो ने उस ओर हाथ जोड़कर सिर झुका दिया और फिर सड़क पर आकर टहलने लगा। दूर से एक मोटर आती दिखाई दी। उसकी आंखें अंधेरे की छाती को चीरती हुई बढ़ती चली आ रही थीं। माधो को लगा जैसे वह गाड़ी इधर ही आ रही हो। वह एक किनारे हट गया। मोटर जिस गति से आ रही थी उसी गति से आगे निकल गई। काली सड़क पर उड़ने के लिए धूल ने चपचपाहट-सी की और फिर पराजित-सी वहीं की वहीं पड़ी रह गई। घड़ी ने एक डंका बजाया। माधो के होंठ अपने-आप बुदबुदा उठे, साढ़े ग्यारह बज गए। वह जैसे सोच नहीं पाया और उसने प्रोफेसर के कमरे में प्रवेश किया। फुसफुसाहट से प्रोफेसर का ध्यान टूटा, आंखें उठीं। प्रश्नवाचक चिह्न जैसे खड़े हो गए और उन्होंने आश्चर्य से कहा—माधो!

माधो ने विवश स्वर में कहा—मालिक, बीस साल से कभी मैंने घर की देखभाल के बारे में आपको तंग नहीं किया, लेकिन मेरी समझ में नहीं आ रहा है कि मैं अब क्या करूं।

प्रोफेसर ने जैसे आधी बात सुनी और कहा—क्या हुआ?

"मालिक, बीबी अभी तक नहीं लौटी।"

'अभी तक' सुनकर प्रोफेसर की दृष्टि घड़ी पर गई और फिर जैसे उन्हें आश्चर्य हुआ। अपने अध्ययन में डूबे हुए उन्हें यह लग रहा था कि अभी संध्या ही हुई है और उन्होंने अभी-अभी काम शुरू किया है। आज उन्होंने नागार्जुन के सिद्धांतों का अध्ययन किया था और अब वे उस विषय पर अपने नोट्स लेने की तैयारी कर रहे थे और उन्हें ख्याल आया अगर नागार्जुन नहीं होता तो महायान की प्रतिष्ठा भी इतनी सशक्त नहीं होती और उन्हें यह देखकर आश्चर्य होने लगा कि प्राचीन भारत में लोगों ने चिन्तन के क्षेत्रों में कितने विचित्र प्रयोग किए और फिर उन्होंने अपने-आपसे प्रश्न किया—दर्शन क्या है? सत्य के कई पहलू हैं लेकिन सत्य का कौन-सा पहलू ठीक है।—वे शायद यह बात भूल गए कि साढ़े ग्यारह बजे तक उनकी लड़की लौटी नहीं थी।

माधो ने कुछ आतंकित स्वर से कहा—अभी तक ऐसा कभी नहीं हुआ मालिक बीबी तो हमेशा टैम से आ जाती थी।

प्रोफेसर ने कहा—उनके कालेज में कोई जल्सा तो नहीं है?

माधो ने कहा—मालिक, जल्सा होता तो वह मुझसे कहकर जातीं।

"तो फिर आज वह कहां गई है?" प्रोफेसर ने पूछा। उनके स्वर में जैसे एक रुखाई-सी कुछ झलकने लगी थी।

"मुझे नहीं पता।" माधो ने कहा।

और जैसे वह कहना नहीं चाहता था फिर भी उसने कह ही दिया—अस्पताल और कोतवाली को फोन करके पूछ लूं मालिक? कहीं कोई...भगवान न चाहे कोई ऐसी बात हो गई हो।—इसी समय पोर्टिको में एक मोटर के रुकने की आवाज आई। एक पुरुष ने भारी स्वर में कुछ कहा। फिर समवेत स्वर से स्त्री और पुरुष के हंसने की जोर से आवाज आई। मोटर का दरवाजा खट से बन्द हो गया। सोढ़ी पर कुछ खटखट हुई, फिर मोटर के चले जाने की घर्र-घर्र आवाज़ आई और बहुत ही पतली आवाज में किसी ने पुकारा—मा धो!—दोनों अक्षर अलग-अलग थे और दोनों ही जैसे दोर्घांत में। प्रोफेसर ने फिर घड़ी की ओर देखा और कहा—आ गई।

माधो को न पाकर निर्मला ने प्रोफेसर के कमरे में झांककर देखा और कहा—अरे माधो, आज तुम यहां डैडी के कमरे में, इस वक्त!

प्रोफेसर ने कहा—हां, यह बेचारा बहुत डिस्टर्ब्ड[1] हो गया था। तुम कहां चली गई थीं?

"मैं...मैं," उसके गालों पर एक सुर्खी-सी दौड़ गई और उसने कहा—आज डैडी, हम गुहा में गए थे, बोहीमिया में।

प्रोफेसर ने भौंहें सिकोड़कर कहा—बोहोमिया में...गुहा में?

''हां, मैं नरेश के साथ गई थी।''

''लेकिन कहां गई थीं?''

''मैंने कहा न, बड़ा अच्छा इन्तजाम है। और उसके बाद हम लोग पिक्चर चले गए थे, इसमें देर हो गई और आप तो जानते हैं कि इंडियन पिक्चर कितने लम्बे होते हैं। आर्ट की जैसे उनमें हत्या कर दी जाती है। घर से औरत निकाल दी गई है, वह मरने जा रही है, लेकिन मरने से पहले एक गाना जरूर गा रही है। बड़ी बोरिंग[2] होती है। अच्छा होता हम एक इंग्लिश पिक्चर देख लेते। नरेश ने यह कहा भी था।''

माधो के नेत्रों में जैसे व्यथा लहरा उठी। बिन ब्याही लड़की इस तरह शादी के पहले घूमने चली जाए। रात को इतनी-इतनी देर तक सिनेमा देखे यह उसकी हिन्दुस्तानियत के खिलाफ था लेकिन वह बीस वर्ष, पचास वर्ष, चाहे कितने ही बरस निकल जाने पर भी यह अनुभव कर रहा था कि वह सिर्फ नौकर था और उसे बोलने का अधिकार नहीं था। उसने प्रोफेसर की ओर आतंक भरी दृष्टि से देखा।

प्रोफेसर ने जैसे उसकी बात को समझ लिया था। सिर हिलाकर उन्होंने कहा— अच्छा, देखो निर्मला, आइन्दा जब कभी कहीं जाया करो, तो माधो को कह जाया करो कि कब तक लौटोगी। यह बेचारा तुम्हारे देर से आने से बड़ा परेशान था—और फिर उन्होंने कहा—तुमने नागार्जुन का नाम सुना है?

निर्मला ने कहा—नहीं डैडी, अर्जुन का तो सुना है। यह जिसको गीता सुनाई थी न कृष्ण ने। और कोई नाग भी अर्जुन था ऐसा मैंने नहीं सुना। शेषनाग का नाम तो मैंने सुना है।

प्रोफेसर हंसे और उन्होंने कहा—नागार्जुन पर एक जर्मन ने कितनी अच्छी किताब लिखी है। मैंने समझा था कि ब्राह्मणिक फिलोसोफी के बारे में जर्मन्स

---

1. अस्तव्यस्त 2. उबा देनेवाली

ही अच्छा लिखते हैं और बुद्धिस्ट फिलोसोफी पर फ्रेंच लोगों की अच्छी पकड़ है। लेकिन ऐसा है कि नौलेज[1] की फील्ड[2] में इस तरह का बंटवारा नहीं हो सकता। तुम्हारा क्या ख्याल है?

"ओह डैडी, नौलेज की फील्ड बहुत बड़ी है। मैं समझती हूं कि आदमी रॉकेट लेकर चांद पर जा रहा है, लेकिन इस फील्ड को पार नहीं कर सकता।"

प्रोफेसर ने मुस्कराकर कहा—क्योंकि जो रॉकेट चांद पर जाता है वह उसी फील्ड का एक नया स्कोप[3] तैयार करता है और उसको जो लोग समझ लेते हैं और समझकर जो उसकी एनेलेसिस[4] करते हैं वही लोग फिलोसोफर[5] होते हैं। जहाँ आदमी उस थ्योरी[6] को प्रेक्टिस[7] में लाने की कोशिश करता है वहीं फिलोसोफी खत्म हो जाती है। यही काल-मार्क्स ने किया था। वह कहता था कि आज तक के फिलसोफर्स ने सिर्फ एनेलाइज[8] किया है लेकिन हम सबको कुछ बदल देंगे—तुम समझती हो ना?

ओह नो डैडी, मैं नहीं समझती। फिलोसोफी एक ऐसा सब्जेक्ट[9] है जिसमें मेरी अक्ल नहीं चलती।

वह झनझनाकर हंस पड़ी। पिता ने प्रसन्न मुद्रा से उसे देखा किन्तु माधो की आंखों में निराशा का सूनापन एक बार फिर कांप गया।

5

आज दिल्ली में भीड़ें टूट रही थीं। टेस्ट मैच था। यह भीड़ खेल की शौकीन हो ऐसा कुछ नहीं था। इस भीड़ के लोग कल विदेश से आए किसी बहुत बड़े आदमी के लिए सड़क के किनारे खड़े ऐसे ही चिल्ला रहे थे। परसों कोई एक्टर[10] आया था तब भी यही लोग इकट्ठा थे। और उससे पहले किसी राजनैतिक नेता के लिए भी उन्होंने बड़ी देर तक प्रतीक्षा की थी। यह भीड़ इन्सानों की एक होड़ थी, आधुनिकता के नाम पर जिसका अपनापन समाप्त हो चुका था, जो मशीन की तरह अपनी ऊबी हुई जिन्दगी से बचने के लिए एक नई उत्तेजना के लिए निरन्तर मृग-तृष्णा में दौड़ने को तैयार रहती थी। उसमें व्यक्तित्व का

1. ज्ञान, 2. क्षेत्र, 3. विस्तार, 4. व्याख्या, 5. दार्शनिक, 6. सिद्धांत, 7. व्यवहार, 8. व्याख्या 9. विषय, 10. अभिनेता।

अपना आनन्द नहीं था। एक हविश थी जैसे कि ये सब लोग उधर जा रहे हैं अपन भी चलें। लोग रात को बैठकर रेडियो पर कमेण्ट्री[1] सुनकर उसको लिखा करते थे और उसके बाद उसकी चर्चा एक-दूसरे से हुआ करती थी। जैसे 165 हो गए हैं और दूसरा व्यक्ति बड़े भारी धैर्य से गम्भीर दार्शनिक जैसी मुद्रा बना कर कहता है—देखिए क्या होता है।—ये लोग, जैसे शिकारी शिकार खेलते हैं, संग डोलते हैं। इनकी आस्था पुराने मूल्य को खो चुकी थी और नयों को प्राप्त नहीं कर सकी थी। हिन्दुस्तान की पुरानी नींवों पर अंग्रेजियत का सैलाव जैसे कचरा छोड़ गया था और उसे ये लोग सहेज-सहेजकर इकट्ठा कर रहे थे कि आह यही तो वह आधुनिकता है जो हमारे पास आ गई है। कहीं यह हमसे छूट न जाए। लड़के बुश्शर्ट पहनते जिन पर सस्ती तस्वीरें छपी रहतीं और लड़कियां नायलोन की झिलमिल साड़ियों में अपने अंगों को ढकने का प्रयास करती हुई अपने-आपको धोखा देने की कोशिश करतीं। ये लोग न इधर के थे न उधर के। क्रिकेट का खेल पता नहीं इतना आनन्ददायक होता है या नहीं, लेकिन भीड़ें अब उसमें आनन्द लेने लगी थीं। सम्भवतः बैठकर मूंगफली खाने और समय नष्ट करने का वह एक अच्छा साधन था।

इंजीनियर नरेश अपनी सीट पर बैठा सिगरेट पीता हुआ आराम से खेल देख रहा था। कभी फील्डिंग बदल जाती, कभी कोई बल्ला टेढ़ा-सीधा करके बैठाता, अपने को तल्लीनता में डूबा दिखाता और फिर कभी कोई इधर की विकेट से उधर की विकेट पर दौड़ जाता। भीड़ों में तुमुल कोलाहल मचता और राष्ट्रों की मुठभेड़ों की होड़ खेलों में से पैदा होने लगती। भीड़ में पीछे की ओर दयानाथ ने मूंगफली तोड़ते हुए कहा—अभी तक उदास है, क्यों?

महेश ने निराशा से चौंककर कहा—नहीं।

इसी समय दयानाथ की दृष्टि एक कांपती बुढ़िया पर पड़ी जो बाहर की ओर सड़क के किनारे इस समय धरती पर पड़ी थी। महेश ने उसे देखा और जैसे उसकी आंखें उधर गड़ी रह गईं। दूर लाउडस्पीकर पर किसी राकेनरोल गाने की आवाज आ रही थी। बीच-बीच में बुढ़िया का करुण स्वर चीत्कार कर उठता—हे देनेवाले, भगवान के नाम पर कुछ तो देते जाओ।—लेकिन उसकी आवाज़ निकल जाती और टेस्ट मैच का कोलाहल उसके स्वर को दवा देता।

---

1. सूचना

ऐसी बीसवीं सदी के सातवें दशक की विचित्र थी दिल्ली, भारत की राजधानी। महेश सोच रहा था। उसका ध्यान इस भीड़ पर बिलकुल नहीं लग रहा था। उसकी परसेंटेज फाल[1] हो चुकी थी और उसे बार-बार यही ध्यान आ रहा था कि उसे परीक्षा में नहीं बैठने दिया जाएगा। बुढ़िया के करुण चीत्कार उनके कानों में जैसे बज उठते थे। उसी समय दयानाथ ने कहा—वह देखो, वहां।

महेश ने देखा और कहा—क्यों कौन है?—स्वभाव से वह यह आशा कर रहा था कि दयानाथ उसे किसी सुन्दरी की ओर आकर्षित करने की चेष्टा कर रहा है। लेकिन सामने एक दाढ़ीवाले व्यक्ति जा रहे थे। वह यह समझ नहीं सका कि दयानाथ क्या कहना चाहता था।

दयानाथ ने कहा—उसको पहचानते हो, वह एक गोरा-सा आदमी चला आ रहा है, उस टीम के पीछे?

''नहीं।''

"मैं जानता हूं।'' दयानाथ ने कहा।

''यह मदन के ऑफिस में आया है। इसका नाम है नरेश। इंजीनियर है और अभी इंग्लैंड से लौटा है। इस आदमी से अगर तू काम निकाल सके तो इम्तिहान में बैठ सकता है।''

महेश की आंखें जैसे चौंक उठीं। बुढ़िया का आर्तनाद फिर सुनाई दिया—ओ देनेवाले! कब से पुकार रही हूँ, कोई तो कुछ दे जाओ।

महेश की दृष्टि हठात् फिर मुड़ गई। दयानाथ ने उसकी कोहनी दबाकर कहा— बड़ा यार, तू भी अजीब आदमी है, यह कोई वक्त महात्मा गांधी बनने का है। इसका नाम नरेश है, इंग्लैंड से अभी लौटा है। इस वक्त यह एक छोटा-मोटा बादशाह है। प्रोफेसर उमाशंकर की लड़की निर्मला की इसी से शादी होनेवाली है। अगर यह आदमी कह दे तो निर्मला तो क्या निर्मला का बाप भी मजबूर होकर तेरी परसेंटेज पूरी कर दे।

महेश ने निराश स्वर में कहा—यह तो ठीक है लेकिन यह क्यों कहने लगा?

दयानाथ ने कहा—इसके लिए कोई तरकीब सोचनी पड़ेगी।

भीड़ का रेला इधर आने लगा था। क्षण-भर में ही वहां एक धक्कमधक्का-सी

---

1. हाजिरी कम

होने लगी और लोग बुढ़िया के इर्द-गिर्द छा गए। वहां लड़के और लड़कियों की हंसियां गूंजने लगीं। धक्कों में लोगों के व्यक्तित्व जैसे खंडित होने लगे और वह हजारों पांव का मनुष्य लड़खड़ाता चलने लगा। बड़े जोर से बुढ़िया चिल्लाई। शायद उसे भीड़ रौंदती चली जा रही थी। दयानाथ ने महेश का हाथ पकड़ लिया और कहा—जल्दी चलो; कहीं वह भीड़ में खो गया तो मिलेगा भी नहीं। यह अपनी कार की तरफ गया होगा।—लेकिन दिन भर का खाना कटोरदान में लेकर आनेवालों की भीड़ को इतनी तेजी से पार करके चला जाना कठिन था। जिस समय ये लोग नरेश के पास पहुंचे, उन्होंने एक विचित्र दृश्य देखा। नरेश लाल चेहरा लिए खड़ा हुआ था। उसके सामने बिलासी आंखें निकाले फुत्कारता-सा खड़ा था और बुढ़िया अनोखी अध-बेहोश-सी बीच में पड़ी थी और बिलासी बुरी तरह गालियां बक रहा था। उसके मुख से राजधानी के विशाल विस्तार के अनुरूप फौलादी गालियां निकलतीं और नरेश विक्षुब्ध-सा उसे देख रहा था। बिलासी ने हेकड़ी से कहा—अबे जा बहुत देखे हैं तुझ जैसे, दिल्ली है दिल्ली। तुझे देनेवाले ने जरा पैसे दे दिए हैं तो आंखें मिच गई हैं। यह तेरे बाप की बीवी है जिसके ऊपर पैर रखकर चलनेवाला था? यह नहीं सोचा कि बुढ़िया है?

नरेश ने एक क्षण देखा, इधर-उधर।

दयानाथ और महेश को देखकर मानो उसका गौरव प्रतिहिंसा के लिए लालायित हो उठा। उसने कहा—कमीने, तुम लोग बदतमीज और कुत्ते हो। जिस जगह दुनिया-भर के लोग इकट्ठे होते हैं वहां भी तुम लोग भीख मांगने आ जाते हो और सारी दुनिया के सामने बेशर्मी से ऐलान करते हो कि हिन्दुस्तान भिखमंगों का मुल्क है। काम नहीं कर सकते तुम लोग! इतना हट्टा-कट्टा आदमी होकर अपनी इस बुढ़िया मां को खिला नहीं सकता!

बिलासी जैसे इस समय इस ज्ञान चर्चा के लिए तैयार नहीं था। लेकिन आधुनिकता के युग में जिस तरह हर कुत्ता गुर्राता है, बगावत उसके मुंह से फूट रही थी, जैसे उसने अपना पंजा निकाला और कह उठा—पैसा ईमानदारी से दुनिया में नहीं मिलता, वह दिन लद गए जब आदमी ईमान की रोटी खाता था। आजकल बेईमानी से पैसा कमाया जाता है। हम लोग गरीब हैं, कमीने हैं। लेकिन तुम लोग हमसे भी ज्यादा गरीब हो, हमसे भी ज्यादा कमीने हो क्योंकि तुम चोर और बेईमान भी हो और इसीलिए हम भिखारी हैं।

महेश को आश्चर्य हुआ। उसने देखा कि गांव का आदमी कितना तंगदिल और कायर होता है और शहर का गुंडा कितना मुंहफट और कितना निडर होता है। उसको आश्चर्य हुआ कि आखिर वह कौन-सी चीज थी, जिसने इस मैले कुचले, गंदे भिखारी में इतना दुस्साहस भर दिया था। विद्रोह की इतनी क्षमता उसमें कहां से आ गई थी? इस समय तक नरेश अपना संतुलन खो चुका था। उसने बिलासी के एक जोर का चांटा लगाया और चिल्लाया—ब्लडी स्वाइन!

बिलासी शायद शराब पिए हुए था। उसको डर नहीं लगा। उसने क्रोध से नरेश को दोनों हाथों से उठा लिया और जोर से पृथ्वी पर दे मारा। हठात् दयानाथ और महेश ने बिलासी को नीचे दबा लिया। कोलाहल होने लगा। बुढ़िया अधबेहोशी से पड़ी रही। सिपाही दौड़ने लगे और उन्होंने बिलासी को पकड़कर लात और घूंसे लगाकर खींच लिया। जमादार ने चिल्लाकर कहा—ले चलो साले को थाने में। इसको मैं जानता हूं। इसने तीसरी बार दंगा किया है सड़क पर। पहले भी पन्द्रह दिन की काट आया है और फिर साले को इकट्ठे छः महीनों को भिजवाऊंगा।

महेश ने नरेश को सहारा देकर उठाया। नरेश को ऐसा लगा जैसे उसे फौलाद के पंजों ने पकड़ लिया था और नीचे दे मारा था। उसके जोड़-जोड़ में दर्द हो रहा था, लेकिन उससे भी अधिक क्रोध था उसे कि एक सड़क का भिखारी उसका अपमान कर गया और वह भी इतने आदमियों के बीच में। उसके लिए टेस्ट मैच का अन्त ठीक नहीं रहा। उसने दांत पीसकर कहा—मैं इसको ऐसी सजा दिलाऊंगा कि याद रखेगा।

भीड़ में से किसी ने दबे स्वर में आवाज़ की—फांसी पर लटकवा देना।

भीड़ के लोगों में अब जैसे मतभेद हो गया था। एक राय थी कि बुढ़िया को कुचलने का कोई अधिकार इस व्यक्ति को नहीं था और प्रजातन्त्र के युग में जब सब मनुष्य बराबर हैं तो क्या वजह है कि एक मोटरवाला एक भिखारिन को कुचलकर निकल जाए। लोग अपनी मर्जी से भिखारी नहीं बनते। सरकार भिखारियों का इन्तजाम नहीं कर पाती और सेठ लोग ब्लैक मार्केट करते हैं इसीलिए समाज में यह विषमता है। किन्तु दूसरा मत यह था कि एक भिखारी की जब इतनी मजाल हो सकती है कि वह किसी भी भले आदमी पर सरेआम हाथ उठा दे तो इसका मतलब है कि राजधानी में जीवन नितान्त असुरक्षित है। बम्बई में जरूर ऐसा है कि मजदूर भी बदतमीजी और तू-तड़ाक से पेश

आता है। लेकिन दिल्ली में ऐसा पहले नहीं होता था। लोग दज को कदर करते थे। लेकिन भीड़ और बहता पानी एक समान होते हैं। पानी बह जाता है। भीड़ छंट जाती है। दयानाथ ने महेश की कोहनी को फिर दबाया और नरेश से कहा—माफ कीजिए, बदतमीज था, शराब पीए हुए था उसपर गुस्सा न करिए।

महेश ने कहा—चलिए आपको मोटर तक पहुंचा दूं। आप ज़रूर डाक्टर के यहां जाइए और एक्स-रे करा लीजिए; कहीं अन्दरूनी चोट न पहुंची हो?

यद्यपि महेश ने बड़ी सहानुभूति के साथ अपने उद्गारों की व्यक्त किया था, लेकिन नरेश को लगा जैसे वह उसके ऊपर एक व्यंग्य था। महेश को यह नहीं सूझा। उसने फिर कहा—आज की घटना अगर प्रोफेसर उमाशंकर को पता चल गई तो उन्हें भी बहुत खेद होगा।

नरेश को यह और भी बुरा लगा। वह यह समझे हुए था कि इस भीड़ में उसे कोई नहीं जानता होगा, किन्तु यह सोचकर कि अब यह घटना उसकी होनेवाली पत्नी और होने वाले ससुर तक पहुंच जाएगी, उसके मन में एक विचित्र प्रकार की बेचैनी आ गई। नरेश ने सशंकित नेत्रों से महेश को देखा और कहा—आप मुझे जानते हैं?

महेश ने कहा—मैं आपको नहीं जानूंगा। प्रोफेसर साहब मेरे गुरु हैं और मैं गुरु को अब भी वही इज्जत देता हूं जो पुराने जमाने में दी जाती थी। वह तो कहिए कि पुलिस आ गई वरना आप देखते कि उस भिखारी को मैं सीधा कर देता। मुझे मौका ही नहीं मिल पाया। मुझे उम्मीद ही नहीं थी कि वह एकदम उठाकर आपको दे मारेगा। और फिर उसने अपने वाक्य को ठीक करते हुए कहा—असल में आपको भी उम्मीद नहीं थी, वरना आप तैयार रहते। लेकिन भले आदमी को क्या मालूम कि गुंडा किस वक्त क्या करेगा। आपको ज्यादा चोट तो नहीं आई?

नरेश ने कार का दरवाजा खोलते हुए कहा—नहीं, चोट तो नहीं आई। असल में मैं तैयार नहीं था, यह आपने ठीक कहा। आप ही सोचिए ना, इन लोगों को इतनी हिम्मत ही नहीं है, लेकिन वह तो कोई खास किस्म का बदमाश था।

दयानाथ ने बड़ी गम्भीरता से पूछा—मेरे खयाल से आप पहले से उसे जानते तो न होंगे ना? उसको आपसे कोई रंजिश तो न थी?

महेश ने बात काटते हुए कहा—क्या बात करते हैं आप! रंजिश, किस

बात की रंजिश? इनका उससे क्या मुकाबला? लेकिन वह तो, सुना नहीं सिपाही कह रहा था, हिस्ट्री शीटर था।

नरेश ने झेंपते हुए कहा—आप लोगों की बड़ी मेहरबानी है कि इस समय आप लोगों ने मेरी मदद की।

महेश ने कहा—यही तो अफसोस है कि हम आपकी मदद नहीं कर पाए। आप देखिए ना, पुलिस का भी अजीब रवैया है। जब वह हमला कर चुका तब आई और उसके बाद आप जानते हैं कचहरी-कानून बीच में आ गए। गुंडे क्या कानून से ठीक होते हैं? हम तो गांव में यही देखते हैं कि पहले लट्ठ काम करता है उसके बाद फिर कानून वानून को बात देखी जाती है। क्योंकि कानून में आजकल इंसाफ नहीं रहा। घटना कभी है, हालाहूल में कुछ सचाई की जानकारी हो सकती है? लेकिन महीनों बीत जाते हैं, झूठी गवाहियां तैयार होती है। उसके बाद तिजारत बन जाती है। इसमें हमें इतना मुनाफी होगा तो हम यह कहेंगे और अगर इसमें इतना नुकसान होगा तो हम यह कहेंगे। आप लोग शहर के रहनेवाले हैं। शहर के सीधे-साधे होते हैं। गुंडों को दबाने के लिए आप जब तक जूते पर नाल नहीं ठुकवाएंगे, तब तक आप उन्हें ठीक नहीं रख सकते, और जैसे उसका वाक्य समाप्त नहीं हो रहा था। उसने कहा—बात असल में यह है कि आजकल के जमाने में हर आदमी अपने से बड़े के बराबर तो हो जाना चाहता है लेकिन अपने से नीचे को अपनी बराबरी नहीं देना चाहता है।—नरेश कुछ ऊब चला था। उसने कहा—अच्छा जी, मैं चलूं। मैं एस.पी. को फोन करके उसको ठीक कर लूंगा।—गाड़ी चल पड़ी।

जब धूल भी उड़कर बैठ गई, दयानाथ ने कहा—अब ठीक है, कल किसी तरह तुम इससे मिलो और ट्राई[1] करो।—दोनों चल पड़े और हठात् जैसे बुढ़िया को होश आ गया था। उसका आर्तनाद फिर सुनाई दिया—ओह देनेवाले—मानो लोग कुचल रहे थे, वह बेहोश हो गई थी। उसका अपमान हुआ था यह सब उसके लिए कोई मूल्य नहीं रखता था। इन सबसे ऊपर ही उसके लिए एक समस्या थी। जूड़ी का बुखार चढ़ने के पहले वह किसी तरह दो पैसे प्राप्त कर ले ताकि उसको कुछ सहारा लगे। बुखार की तेजी सहने के लिए उसे किसी सहारे की ज़रूरत थी।

---

1. प्रयत्न

6

निर्मला ने बरामदे की चिक उठाई तो एक लड़के ने कहा—बहिनजी, अनाथालय का चंदा—और उसने एक कापी आगे बढ़ा दी।

निर्मला ने उसकी रसीदों की छपी कापी को देखा और फिर उस लड़के की ओर ऊपर से नीचे की ओर देखकर कहा—तुम फिर आ गए?

"मैं तो आज पहली बार आया हूं, बहिनजी।"

"तुम लोगों ने एक धन्धा बना रखा है, खाने-कमाने का। क्या उम्र है तुम्हारी?"

"सोलह-सत्रह साल का होऊंगा।"

"तुम कुछ काम नहीं करते। तुम्हें शर्म नहीं आती!"

लड़के की आंखें जैसे भारी हो गईं और उसने लज्जित स्वर में कहा—आप लोग बड़े आदमी है। आप लोग कुछ करते ही नहीं तो हम क्या करें!

निर्मला को कौतूहल हुआ। उसने कहा—हम क्या कर सकते हैं। कभी तुम लोग बाजे बजाते हुए आते हो। कभी कापियां लाते हो। ऐसा मालूम देता है कि सारे हिन्दुस्तान में अनाथालयों के अलावा कुछ रहा ही नहीं। क्यों मांगते हो तुम लोग इतनी भीख?—और उसकी दृष्टि लड़के की फटी कमीज और फटी निकर पर चली गई। उसने उसकी ओर कुछ दया-भरे नेत्रों से देखा।

लड़के ने कहा—बहिनजी, हम भीख मांगते नहीं। हमसे मंगवाई जाती है।

"कौन मंगवाता है तुमसे?"

"हमारा मास्टर।"

"मास्टर? कैसा मास्टर?"

"हम लोगों का जगह-जगह तबादला होता है।"

"तबादला!" निर्मला ने आश्चर्य से पूछा।

"जी हां!" उसने कहा— गुजरात और राजस्थान, यू. पी. और जगह-जगह अनाथालय हैं। इन सबका इन्तजाम करनेवाले लोग आपस में मिले हुए हैं। वे लोग हमको भेजते हैं कि कुछ मांगकर लाओ। अगर आप लोग कुछ अच्छे कपड़े दे दें तो वे मास्टर पहन लेते हैं। अगर हम लोग कुछ पैसा न ले जाएं तो वे हमको मारते हैं और हमसे ज्यादा काम लेते हैं। खाने को नहीं देते।

"तो तुम उसके पास रहते क्यों हो? और नौकरी क्यों नहीं कर लेते?"

‘‘बहिनजी, अगर हम नौकरी मांगते हैं तो लोग अपने घर में नौकर रखते नहीं। बिना जान-पहचान के आदमी को कोई अपने घर पर नहीं रखता क्योंकि उसे डर रहता है कि न जाने कब यह सामान उठाकर भाग जाए। और फिर जब हम बहुत बच्चे थे तब से हमको मास्टर ने पाला है। उसने हमको इतना बड़ा किया है। उसका हम पर अहसान है उसको छोड़ देना भी तो ठीक नहीं रहता।’’

निर्मला के सामने वस्तुस्थिति कुछ स्पष्ट हुई। उसे लगा कि समाज-सेवकों का भी कोई गिरोह था, जिसने इन अनाथ बच्चों को अपनी आमदनी का साधन बना रखा था। कौतूहल से उसने पूछा—तो तुम्हारे यहां लड़कियां भी पाली जाती हैं?

‘‘हां।’’ लड़के ने कहा—लेकिन बड़ी लड़कियों को भीख मांगने को भेजा नहीं जाता। जब वे बड़ी हो जाती हैं तो मास्टर उन्हें बेच देता है; और विधवाओं को भी हमारे पास ही रहने की जगह मिलती है। उनको भी बेच दिया जाता है।

‘‘किसको बेच दिया जाता है?’’

‘‘जो भी रुपया देकर खरीदना चाहता है।’’

निर्मला को घृणा-सी हुई। लड़के ने कमीज़ उठाकर पीठ दिखाई। एक लम्बा नीला दाग था। उसने कहा—बहिनजी, कहते शर्म लगती है, लेकिन मास्टर के खिलाफ अगर हम कुछ बोलते हैं तो हमको यह इनाम मिलता है। हम उसके गुलाम हैं।

निर्मला को लगा कि लड़के को किसी सख्त चीज से मारा गया था। उसे ऐसा लगा जैसे वेश्या की बेटी विवश होकर उसी पाप के गड्ढे में डूबी रहती है, उसी प्रकार अनाथों की यह नई जमात थी। उसने कहा—तुम उसके खिलाफ आवाज क्यों नहीं उठाते?

लड़का मुस्कराया और उसने कहा—आप जैसे बड़े आदमी अगर कुछ करें तो शायद हो। हम लोगों के करने से क्या होता है। हम क्या कर सकते हैं?

निर्मला ने कहा—क्या नाम है तुम्हारा?

लड़के ने कहा—गोवर्धन।

‘‘तुम कहां के रहनेवाले हो?’’

‘‘कहीं का भी नहीं। मैं नहीं जानता मेरे मां-बाप कौन थे। मास्टर कहते

हैं, उन्होंने मुझे सड़क के किनारे कुत्तों के बच्चों के बीच में पड़ा हुआ पाया था।''

''तो फिर तुम्हारी बोली तो यहां की नहीं लगती?''

''मैं तो अनाथालयों में घूमता रहता हूं।''

निर्मला ने देखा, अनाम था वह बालक। उसका ममत्व किसी से बंधा नहीं था, लेकिन फिर भी उसकी अपनी वफादारियां थीं। उसके अपने घेरे थे जिनमें से बाहर निकलना चाहकर भी वह निकल नहीं पाता था। उसे अपने समाज की व्यवस्था से घृणा हो गई।

लड़के ने फिर कहा—हमारा मास्टर वैसे बड़ा नरमदिल है, लेकिन मैंने देखा नहीं, और मुझे ऐसा लगता है कि हमारे यहां एक काम और भी होता है, जिसको आप सुनेंगी तो आपके रोंगटे खड़े हो जाएंगे।

निर्मला ने कहा—वह क्या?

''बच्चे चुराकर भी लाए जाते हैं और उन्हें बाकायदा सड़क पर भिखारी की तरह बिठाकर भीख मंगवाई जाती है। मैं और ज्यादा तो नहीं जानता पर कुछ बच्चे हमारे यहां लंगड़े भी हैं, कुछ अन्धे भी हैं। उन बेचारों को मास्टर पेटभर खाने को भी नहीं देता।''

निर्मला ने कहा—तुम सच कहते हो?

''मैं नहीं जानता बहिनजी, पर मैंने सुना है। मुझको ऐसा लगता है।"

निर्मला ने कहा—अच्छी बात है। तुम मुझे अपना पता बता दो, मैं इसकी तलाश करूंगी।

उसके मन में एक कौतूहल जाग उठा था। उसके मस्तिष्क में एक विचित्र कल्पना दौड़ गई थी। वे बच्चे अन्धे होते हैं या चुरा लेने के बाद अन्धे कर दिए जाते हैं ताकि उनसे भीख मंगवाई जा सके। क्योंकि अन्धों को देखकर लोगों में दया उपजना आसान है। अन्धा भाग नहीं सकता। लंगड़ा भाग नहीं सकता। इसलिए शायद मास्टर उनसे काम कराता हो। और अचानक ही उसे 'धर्मयुग' में निकली उस कहानी की याद हो आई जिसमें लिखा था कि अफ्रीका में कुछ विदेशी गोरे मुर्दों को तान्त्रिक क्रियाओं से जिन्दा करके उनसे खेतों में काम करवाते थे और उन पशुओं की सारी कमाई स्वयं लेकर आनन्द किया करते थे। उसके शरीर में एक विचित्र कंपकंपी-सी दौड़ गई। गोवर्धन ने पता बता दिया। निर्मला मन में उदास हो गई। इसी समय फोन की घण्टी बजने

लगी। निर्मला ने एक अठन्नी उस लड़के के हाथ पर रख दी और कहा—अच्छा जाओ।—लड़का हाथ जोड़कर चला गया। निर्मला ने फोन उठाया—हलो! आई एम निर्मला स्पीकिंग।[1] ओह, अच्छा तुम हो। राईट आई'ल कम।[2] कहां? कॉन्स्टिट्यूशन क्लब? ठीक।—उसने फोन रख दिया और भीतर के कमरे में चली गई।

लड़के ने बाहर निकलकर इधर-उधर देखा। उसकी निगाह एक नीचे पड़े कागज पर पड़ी जिसे उसने उठा लिया और जेब में रखता हुआ बाहर निकल गया।

7

जब सांझ ढल गई, प्रोफेसर ने मेज़ पर रखी डाक को देखना शुरू किया। माधो सामने खड़ा था। वह प्रायः ही खड़ा रहता था ताकि मालिक को काम में मदद दे सके। अभी महाराज ने आकर उससे पूछा था कि वह क्या खाना बनाए। माधो ने उसको बताकर फिर अपने मालिक की ओर देखा। प्रोफेसर एक पत्र को बहुत ध्यान से पढ़ रहे थे। उन्होंने चश्मा हटाया, रूमाल से उसके शीशे साफ किए और मेज़ पर रखकर पत्र को फिर एक बार आंख फिराकर पढ़ा। यद्यपि बिना चश्मे के वे पढ़ नहीं पाते थे किन्तु कल्पना से जैसे उनके अक्षरों का वे तादात्म्य कर रहे थे। उन्होंने कहा—माधो!

''हां मालिक।''

''पहले जमाने में,'' प्रोफेसर ने कहा—''तुमको याद है जब मैं जवान था और तुम भी जवान थे, मैं एक बार कांग्रेस के सत्याग्रह में हिस्सा लेने गया था।''

माधो के होंठों पर मुस्कराहट-सी आई। उसने कहा—मैं उसे कैसे भूल जाऊंगा मालिक! जब इतनी भीड़ थी कि पकड़े गए लोगों को रखने के लिए सरकार के पास जगह भी नहीं थी, तो सरकार ले जाकर लोगों को जंगल में छोड़ देती थी और पन्द्रह-पन्द्रह, बीस-बीस मील से चलकर लोगों को आना

---

1. मैं निर्मला बोल रही हूं, 2. ठीक, मैं आऊंगी

पड़ता था और उस दिन आपको लौटते वक्त दूसरे रास्ते से आता हुआ मैं मिला था क्योंकि मुझे भी पुलिसवालों की मोटर बहुत दूर छोड़ आई थी। वह जवानी के दिन भी कैसे थे? आपको देखकर मुझे भी जोश आ गया था।

प्रोफेसर के मुख पर मुस्कराहट आ गई और उन्होंने कहा—ठीक है माधो, मुझे याद है तब निर्मला की मां जिन्दा थी।—यह कहते-कहते प्रोफेसर का मुख एकदम उदास-सा हो गया और माधो के मुख पर गांभीर्य आ गया। दोनों एक-दूसरे की ओर विचित्र दृष्टि से देखते रहे। फिर प्रोफेसर को जैसे कुछ याद आया और बोले—निर्मला कहां गई, अब तो वह देर से नहीं लौटती?

माधो ने कहा—मालिक, मैं आपको क्या कहूं। बिटिया को मैं कुछ समझ नहीं पाता। कल भी वह देर से लौटी थी। लेकिन आप पढ़ रहे थे इसलिए मैं आपके पास नहीं आया।

"कहां चली जाती है वह!" और फिर जैसे याद आया, और मुस्कराकर कहा—इस उम्र पर सब ऐसा ही करते हैं और तुम जानते हो कि नरेश विलायत से लौटा हुआ आदमी है। माधो, मैं भी इंग्लैंड में रह चुका हूं। लेकिन तुम कहोगे कि मुझमें कोई फर्क नहीं आया। इसकी वजह यह थी कि मैं अपने काम में लगा रहनेवाला आदमी हूं। फिलोसोफी और इंजीनियरी इन दोनों में फर्क होता है इंग्लैंड में जो कुछ होता है उसको हम यहां से बैठकर सोच भी नहीं सकते। उनके कानून अलग हैं, उनके कायदे अलग हैं। बहुत-सी ऐसी बातें जिनको हम यहां देखकर चौंक उठते हैं वहां उनपर कोई ध्यान देनेवाला भी नहीं है। एक बार ऐसा हुआ कि मैं सड़क पर चलते-चलते थक गया। मुझे बड़ी ज़ोर की प्यास लगने लगी। वहां एक पार्क था उसमें एक नल था। मैंने उसे खोलकर ओक लगाकर पानी पीना शुरू किया। हिन्दुस्तान में हजारों आदमी ऐसा करते हैं। कोई पलक उठाकर भी नहीं देखता। लेकिन तुम यकीन कर सकते हो कि जब मैं पानी पीकर नल पर से हटा और मैंने सिर उठाया तो देखता क्या हूं कि मेरे चारों तरफ मर्दों और औरतों की भीड़ खड़ी थी। वहां लोग जानते ही नहीं थे कि ओक से पानी किस तरह पिया जाता है और जब वे लोग यहां आते हैं और गुजरातियों को गिलास को बिना झूठा किए ही ऊपर से पानी पीते देखते हैं तो उनकी आंखें फटी रह जाती हैं। ये दो दुनिया साथ-साथ चल रही हैं और दोनों ही दुनिया अपने में अधूरी हैं। यह सब जो घूमने का शौक है वह विलायत से आया है। शायद पुराने जमाने में हिन्दुस्तान में भी लड़के

और लड़कियां इस तरह घूमने जाया करते थे। हालांकि मेरे पास इसका कोई ऐसा सबूत भी नहीं है पर मैं इसलिए चुप रहता हूँ कि जमाना बदल गया है। पुराने आदमी नये रीति-रिवाजों को पसन्द नहीं करते, लेकिन वही नौजवान जब हमारी उम्र के हो जाते हैं तब अपने ज़माने तक की बातों को तो मान लेते है और नई बातों को मानने से इन्कार करते हैं। तुम्हें याद होगा, हम लोगों की जवानी में अपनी बीवी से बात करना भी गुनाह माना जाता था। हम अपनी जवानी में इसको दकियानूसी कहते थे और हमारे बड़े-बूढ़े कहते थे कि लड़के बिगड़ गए और अगर हम इसी तरीके से अब नयों को कहें तो यही कहेंगे कि हमारी नजर में ये लोग बिगड़ गए। पर सवाल यह उठता है कि बिगड़ता कौन है? फिलोसोफी यह बताती है कि सब बारीकियां हैं लेकिन तुम इनको अभी नहीं समझोगे।

माधो अदब से तब तक इन्तज़ार करता रहा जब तक कि प्रोफेसर ने पूरी बात समाप्त नहीं कर दी और उसके बाद धीरे से कहा—देखिए मालिक, वह कल उनके साथ नहीं गई थीं। बिटिया को तो मैं कुछ समझ ही नहीं पाता। कभी तो ऐसा लगता है कि उसके अन्दर बिलकुल विलायत ही आ गया है। कल ऐसा हुआ मालिक, कि एक अनाथालय का लड़का आया था। उससे बीबीजी ने कुछ बातें कीं और जब वह चला गया तो मुझसे कहने लगीं— 'काका।' मालिक, मैं जानता हूं वह मुझे काका कभी-कभी कहती हैं और उनके अन्दर कोई हलचल होती है जैसे उन्हें किसी तसल्ली की जरूरत हो। आप तो अपनी किताबों में लगे रहते हैं। बिना मां की बेटी बेचारी मुझ गरीब को दया से अपना मानती है और अपनी बात कहकर जी हल्का कर लेती है। बहुत सीधी है, वरना इतना बड़ा आदमी होकर कौन नौकर को मुंह लगाता है!

प्रोफेसर ने माधो की इस बात को कुछ बेचैनी के साथ सुना और कहा—हुआ क्या?

''हुआ यह मालिक, कि वह मुझसे बोलीं—काका, इस दुनिया में बहुत बातें ऐसी हैं जो ठीक नहीं हैं। मैंने कहा—बीबी, इसी का का नाम तो दुनिया है जिसमें ऊंच-नीच है, भेद-भाव है और न जाने क्या-क्या है। यह तो नदी-नाव का संजोग है। किसी तरह दिन निकालने हैं। भगवान ने इसके तरह-तरह के तरीके निकाल दिए हैं।—तब बीबीजी ने मुझे कहा—माधो, दुनिया में इतनी बुराई होती है और हम लोग सब कुछ देखते हैं फिर बोलते क्यों नहीं?—मैंने कहा—यह

तो अपना-अपना भाग्य है, जो जैसा करके आया है उसको वैसा ही तो मिलेगा।''

प्रोफेसर ने कहा–राइट। तुमने भी ठीक कहा माधो। लेकिन इसमें कर्ता की भावना चली जाती है। इसमें एक तरह का सरेंडर है, समर्पण है। लेकिन आदमी को जो यह भ्रम बना रहता है कि जो कुछ वह करता है खुद करता है, वह भावना उसके अन्दर से कैसे मिटाई जाए। वह जैसे यह मानने को तैयार ही नहीं होता कि सब कुछ उसके जरिये से कराया जा रहा है और वह खुद कुछ नहीं। मन मर जाता है जैसे ही ये बातें ध्यान में आती हैं। अच्छा है वह आदमी जो सचाई के पास नहीं है, क्योंकि जो आदमी सचाई के पास चला जाता है उसके लिए दुःख शुरू हो जाता है।

माधो जैसे यह बात समझ गया था। उसने कहा–तो बीबीजी कल मुझसे बोलीं– 'माधो, मैं एक बार देखना चाहिए हूं कि जो आदमी गरीबी में रहता है वह किस तरह मुसीबतें उठाता है। क्या वह कभी हंसता नहीं? वह कैसे हंसता होगा इतनी मुसीबतों में?' मैंने कहा–'नहीं बीबी, आदमी हर हालत में हंसता है, हर हालत में रोता है'–और मालिक, जानता नहीं था वह घूमने गई थीं, बड़ी देर से लौटीं। मैंने कहा–'आप कहां चली गई थीं?' बोलीं–'माधो, आज मैं एक नई चीज देखकर आई हूं। आज तक मैं घेरे में बन्द थी। लेकिन आज मैंने देखा कि लोग सड़कों पर पत्थरों पर सोते हैं। मैं यही देखने गई थी माधो। बच्चे नंगे धूल में पढ़े रहते हैं। उनकी मांएं उन्हें प्यार करती हैं, लेकिन उनको साफ नहीं रख सकतीं। वे जानती ही नहीं कि सफाई क्या है। वे जानती ही नहीं कि ज़िन्दगी किस प्रकार बसर की जाती है'–और उन्होंने मुझसे बड़े दर्द से कहा–'माधो, क्या यह सच है कि हम अपने से गरीब को देखकर दुःख पाते हैं और हमारे से जो ज्यादा अमीर होंगे क्या वे भी यही ताज्जुब करते होंगे कि हम उनके सुखों के बिना कैसे अपने दिन गुजार लेते हैं?'

प्रोफेसर ने कहा–ठीक कहते हो। तो मैं तुम्हें एक बात बता दूं। यह आज मेरे पास एक चिट्ठी आई है। मेरी किताबें पढ़कर विद्वान लोगों को प्रसन्नता हुई है और मेरा नाम सरकार में ऊपर चला गया है। मुझे पद्मविभूषण की उपाधि दी जानेवाली है।

माधो ने कहा–मालिक, यह पद्मविभूषण क्या होता है?

प्रोफेसर ने हंसकर कहा–अरे, जैसे पहले जमाने में रायबहादुर, रायसाहब होते थे, जिनको सरकार टाइटिल देती थी। वैसे ही यह भी एक है।

माधो ने कहा—तो यह तो बहुत बड़े आदमियों को ही दी जाती होगी ना?

प्रोफेसर ने मुस्कराकर उत्तर दिया—अब यह तो पता नहीं किसको दी जाती है।

बाहर महाराज के कदमों की आहट सुनाई दी। माधो ने कहा—खाना लगवा दूं?

प्रोफेसर ने कहा—निर्मला तो अभी आएगी नहीं। अच्छा मैं आता हूं, चलो।

डायनिंग रूम[1] सादा था। बड़ी मेज पर सफेद कपड़ा बिछा हुआ था और बीच में एक चमकदार गुलदस्ता था। एक ओर रेफ्रिजरेटर अपनी गुमसुम सफेदी लिए चमक रहा था और दूसरी ओर शीशे की अल्मारी में चीनी के बर्तन सजे हुए थे। एक कोने में एक रैक पर किताबें रखी थीं। माधो ने अखबार मेज पर लाकर रख दिया। महाराज खाना ले आया। प्रोफेसर ने अखबार पढ़ते हुए खाना प्रारम्भ किया। कब किस चीज़ की कमी पड़ जाएगी और क्या परोसना है, प्रोफेसर इसपर ध्यान नहीं देते थे। यह सब सोचना माधो का काम था और इसीलिए उनके भोजन करते समय वह निकट खड़ा रहता था। प्रोफेसर कभी खाने के स्वाद के बारे में भी कुछ नहीं कहते थे। एक बार वे बिलकुल कड़वे बैंगन का साग खा गए थे, जो बाद में महाराज तक से नहीं खाया गया था, लेकिन उन्होंने कुछ नहीं कहा था। उस दिन से माधो हर चीज को पहले से चख लेता था और तब ही मालिक के सामने उसे पहुंचाता था। उसे वे दिन याद आते थे जब प्रोफेसर खाने के शौकीन थे, लेकिन मालकिन के देहान्त के बाद उनकी रुचि जैसे इस संसार से हट गई थी। एक निर्मला थी जिसका सहारा था। लेकिन पराई अमानत का सहारा भी कितना! जहां ममता शब्द लहर की तरह हो जाए और समाज के एक निर्मम नियम की चट्टान से टकराकर छिन्न-भिन्न बनकर बिखर जाए वहां ममता करे भी क्या! इतने दिन की पली-पलाई बिटिया एक दिन चली जाएगी और कैसा अजीब संसार है कि जाएगी तब भविष्य के सपने लेकर जाएगी, आंखों में आनन्द की हिलोरें लिए। पराये घर को अपना कहकर चली जाएगी। चली जाएगी इस पुराने घर को पराया कहकर। कैसी अजीब दुनिया है! पर सदा से यही होता चला आया है, होता

---

1. भोजन कक्ष

चला जाएगा। इसका जैसे कोई अन्त ही नहीं है। बल्ब की रोशनी नीचे रखे पीतल के गुलदस्ते पर अब कुछ ज्यादा खिलने लगी थी। माधो ने कहा—मालिक, अखबार फिर पढ़ लीजिएगा। यह रखा ठण्डा हो जाएगा।

प्रोफेसर ने कहा—हां, हां, यह तो गर्म ही खाना अच्छा रहता है ना! —और प्रोफेसर ने कहा—माधो, रोज हम लोग खाते हैं। खाते चले जाते हैं। खाना और जीना। जीना और खाना। खाना न खाओ तो ममताएं खत्म हो जाएं। जियो नहीं तो खाना खाने की भी जरूरत न पड़े।—माधो की भौंहें कुंचित हो गईं। फिर वह हंस पड़ा और उसने कहा—जो कुछ है सब जीने के लिए है। जितने दिन की सांसा उतने दिनों की आसा।—प्रोफेसर को इस बात का बड़ा आश्चर्य होता कि बड़े-बड़े ग्रंथ पढ़ने के बाद वे जिन नतीजों पर पहुंचते, बेपढ़ा-लिखा माधो लगभग उन सब निष्कर्षों को जानता था। प्रोफेसर जहां पुस्तकों के द्वारा पहुंचता था वहां माधो अनुभूति के रास्ते से पहुंचता था। प्रोफेसर के लिए यह एक चमत्कार और आश्चर्य था। माधो के लिए सब सहज था और वह स्वयं इस तथ्य की गुरुता से अनभिज्ञ था।

बाहर बरामदे में हठात् कोलाहल मचने लगा। प्रोफेसर ने चौंककर देखा—क्या हुआ?

माधो ने कहा—आप खाना खाइए, मैं देखता हूं।—लेकिन बाहर का शोर-गुल कुछ बढ़ रहा था। माधो बाहर आ गया। उसने देखा एक मोटर थी। नरेश कह रहा था—महेश, खोल दो दरवाजा, खोलो।—दो-तीन और आदमी खड़े थे। माधो को देखकर सब लोग शांत हो गए। बिलकुल चुप। माधो ने आगे बढ़कर देखा और जैसे उसकी आंखें फट गईं और उसके मुँह से भयानक चीत्कार फूटा—बीबी, क्या हुआ मेरी बीबी को!—उसके रोम-रोम मानो कंटकित हो गए थे। एक स्वर अवरुद्ध था उस नीरवता में। उसका वह करुण व्यथित चीत्कार उठा और प्रोफेसर के कानों को झनझना गया। उन्होंने भर्राए स्वर से पुकारकर कहा—माधो, क्या हुआ?

महाराज की उदास आकृति द्वार पर छाया-सी दिखाई दी और हट गई। प्रोफेसर ने खाना छोड़ दिया और कुर्सी खिसकाकर सिंक पर हाथ धोए और बाहर चले आए। बरामदे की रोशनी में उन्होंने देखा जमीन पर एक दरी बिछी थी और निर्मला लहू से भीगी हुई उसपर चित लेटी थी। हाथ सीधे, पांव सीधे, मुख पर एक अटूट शांति और गम्भीरता थी। जैसे वह रूठकर चली गई थी।

प्रोफेसर ने देखा, उनको विश्वास नहीं आया। निस्तब्ध भावावेश से आक्रांत मानो उनका अस्तित्व उस नीरवता में अपने स्पन्दन का अनुभव करने के लिए स्वयं ही एक क्षण के लिए अभिभूत-सा व्याकुल हो उठा था। अतलांत की घुमड़ उनके कंठ में मानो अवरुद्ध हो गई् थी और आंखों में अपार विस्मय लिए वे देखते रहे। देखते रहे वे चुपचाप। महेश ने सिर झुका लिया। नरेश ने मुंह दूसरी ओर कर लिया। माधो पुकार बैठा—मालिक, बीबी नहीं रहीं।—प्रोफेसर ने जैसे सुना नहीं। पास आ गए। बैठ गए धरती पर। फिर रक्त से भीगे हुए माथे को पोंछा अपने हाथ से और कहा—बड़ी गहरी नींद में सो रही है। माधो, मेरी बेटी इतनी गहरी नींद में कैसे सो रही है! मेरा गला ठीक नहीं है माधो, मुझे लगता है कि आवाज बैठ गई। तुम दो बार जरा जोर से आवाज तो दो, ताकि मेरी बेटी सुन ले और आंखें खोल दे।—साथ के आदमी व्याकुल-से पीछे हट गए। प्रोफेसर माधो से फिर करुण स्वर से कहने लगे—माधो, आज तुम भी मेरा कहना नहीं मानोगे? क्या बात है? क्या तुम मेरा इतना-सा भी काम नहीं कर सकते, कि बिटिया को दो आवाज भी दे दो?—माधो ने रोते हुए कहा—मालिक, किसको आवाज दे दूं! अब सुननेवाला तो रहा ही नहीं। यह हुआ तो कैसे?—और माधो, वह अपने को भूल गया। और वह आगे अपनी बात नहीं कह पाया। प्रोफेसर हंसे—देखो, माधो, मैं कहता था ना कि भविष्य का किसी को पता नहीं। शंकर ने ठीक कहा था। यह शंकर बहुत पहुंचा हुआ आदमी था। तभी तो उसने लोगों से कहा था, सोओ मत, जागो। और हम लोग इधर-उधर के फंदों में भटकते हैं, घुटते हैं अपने गले में फंदा डालकर; लेकिन वास्तविकता को नहीं समझते। लेकिन तुमसे मुझे ऐसी उम्मीद न थी माधो कि तुम ऐसे वक्त में भी मेरा साथ नहीं दोगे। एक-दो आवाज तुम नहीं दे सकते। अच्छी बात है, मैं इसे आवाज़ दूंगा—यह कहकर प्रोफेसर ने बहुत ही भर्राए हुए स्वर से आवाज दी—निर्मल, बेटी निर्मल!—प्रोफेसर के स्वर में करुणा के अंगारे जैसे दहक उठे। उनकी आंखों में एक अजीब तरह की चमक आ गई और उन्होंने कहा—आज कुछ बात हो गई है माधो, जवाब नहीं मिल रहा है। मेरी इतनी आवाज सुनकर तो बेटी हमेशा भागी चली आती थी, फिर आज क्या बात हुई?—महेश ने महाराज को इशारा किया। वह अन्दर से एक चादर ले आया। उसने चादर से निर्मला का शव ढक दिया। प्रोफसर बैठे देखते रहे, देखते रहे जैसे उनको पता नहीं था कि वह क्या देख रहे थे और क्या नहीं देख रहे थे।

बाहर भारी बूटों की आवाज सुनाई दी। नरेश और महेश उस ओर चले गए थे। पुलिस इंक्वायरी आई थी कि एक युवती किस प्रकार अचानक मर गई थी। घटनास्थल पर कोई नहीं था। नरेश और महेश कार में चले आ रहे थे, अचानक उन्होंने देखा कि अंधेरी सड़क पर कोई नीचे पड़ा था और दो सिपाही टार्च लिए रोशनी किए थे। उन्होंने हाथ से इशारा किया। नरेश ने गाड़ी रोकी। एक सिपाही ने कहा—हुजूर, जरा आपको तकलीफ देना चाहते हैं, सड़क पर खून हुआ मालूम देता है। एक लड़की पड़ी है। उसको पोस्ट मार्टम के लिए ले जाना पड़ेगा। अगर आप अपनी कार में पहुंचा दें तो बड़ी मेहरबानी होगी। मोटर के तीव्र प्रकाश में शव दिखाई दे रहा था। हठात् नरेश के मुंह से एक चीख निकल गई। महेश ने कहा—अरे, यह तो निर्मला है! यहां कैसे पड़ी है!

सिपाही ने कहा—आप इन्हें पहचानते हैं?

महेश ने कहा—प्रोफेसर उमाशंकर यहीं रहते हैं करीब में मोड़ पर। यह उन्हीं की लड़की निर्मला है। मेरे साथ पढ़ती है कालेज में और यह इंजीनियर साहब हैं नरेश जी। अभी विलायत से लौटे हैं। उनकी इससे शादी होनेवाली थी।

नरेश नीचे उतर आया। उसने सिपाही से कहा—कुछ बाकी नहीं रहा। लेकिन कहीं बदन में कोई घाव नहीं है। ऐसा लगता है सिर फट गया है। खून से सब कुछ तर-बतर है। इसे पहले घर पहुंचा दो प्रोफेसर साहब को खबर करनी चाहिए। दिल्ली में प्रोफेसर साहब बहुत बड़े आदमी हैं। आप लोग ऐसा करें कि लाश वहां पहुंचाने के बाद अपनी इंक्वायरी ले आइए क्योंकि इस खून का पता लगाना जरूरी है। और इस समय पुलिस् डाक्टर को लेकर आई थी।

8

अंधेरे में बूढ़े ने कहा—अरे! तू कब आया?

"चचा, मैं अभी आया हूं।"

"कौन? बिलासी आ गया?" अनोखी ने पूछा और फिर अपनी आदत के मुताबिक अपने चढ़ते जाड़े के बुखार से कांपने लगी और बोली—आ जा बिलासी बेटा, ज़रा मेरा पेट तो दबा दे। भगवान जाने सारी सरदी मेरे पेट में

भर गई। —उसकी दांती बजने लगी।

बिलासी थका-मांदा बैठ गया। बूढ़े ने उसे एक बीड़ी दी और एक खुद सुलगाई। दोनों धुआं उड़ाने लगे।

"ज्यादा मारा-पीटा तो नहीं?" बूढ़े ने पूछा

"चचा, मारा तो ऐसा कि नानी याद आ गई।"

"लेकिन तुझे इतना जोश आ क्यों गया? बड़ा आदमी था। गम खाता।"

"चचा, वह उल्लू का पठ्ठा बूआ को कुचल रहा था पैरों से। और इतना उसे घमंड था कि उसे इसका अफसोस भी नहीं था।" और बिलासी ने बीड़ी का दम लगाकर ढेर-ढेर धुआं ऊपर उड़ाकर कहा—चचा, मैं हवालात में बन्द सोचता था, बूआ मर न गई हो।—यह कहते-कहते उसकी आवाज में बड़ी नर्मी आ गई।

बूढ़ा बड़े जोर से हंसा और बोला—अनोखी, सुनी तूने लड़के की बात? अरे, तेरे लिए कैसी हमदर्दी इसके दिल में बस गई है!

अनोखी ने कराहते हुए कहा—युग-युग जीए, मेरा बेटा! मरा वह था ना वह, जीबू, मेरी सारी जिन्दगी की कमाई 49 रुपये भी चुरा ले गया। साला!—बुढ़िया ने गाली दी।

एक आयु वह आती है जिसको पार करने के बाद स्त्री भी पुरुष जैसी बात करने लग जाती है। उसका संकोच हट जाता है।

बूढ़े ने कहा—अरे, तूने कुछ खाया-वाया भी है?

लड़के ने कहा—अब कल खा लूंगा।

बूढ़े ने इधर-उधर देखा और कहा—अब रात हो गई। अब तो कल के ही दिन देखा जाएगा।

बिलासी ने लापरवाही से कहा—सब चलता है, चचा।

बूढ़े ने कहा—एक वह दुनिया भी है, बिलासी, जिसमें लोग खा-खाकर अघा जाते हैं। एक हमारी दुनिया भी है, जिसमें तुझ जैसे जवान को सुबह खाने को मिलता है तो रात को नहीं मिलता कभी शाम को मिल जाता है तो सुबह नहीं मिलता।

"और कभी-कभी!" बिलासी ने कड़वे स्वर से हंसकर कहा—चचा, कभी-कभी पानी भी खाने से ज्यादा स्वाद का लगता है।

अनोखी ने कराहते हुए कहा—अरे तेरी मां बड़ी हरामिन थी। उसने तुझे

बचपन में सभी कुछ नहीं खिलाया। मैं ही तो थी जो तुझे चौराहे पर बैठा आई थी। मैंने ही तुझे भीख मांगना सिखाया। ले ये दस नये पैसे ले। बुढ़िया ने कांपते हाथ से पैसे निकाले और कहा—कुछ ले आ। खाए बिना कैसे चलेगी गाड़ी?

उसी समय एक व्यक्ति पतलून, कमीज पहने आंखों पर चश्मा लगाए गम्भीर-सा उसके निकट आ खड़ा हुआ। उसने जैसे अन्तिम बात सुन ली थी। सड़क पर अब भी मोटरें चली जा रही थीं। उन मोटरों में बहुतेरे लोग जा रहे थे, जिनकी अपनी महत्त्वाकांक्षा थी, जिनके अपने समाज थे, अपने अनेक आडम्बर थे। और सम्पत्ति में भी उनको अभाव था। उस अभाव के लिए एक दौड़ थी। उस दौड़ के लिए षड्यन्त्र थे, कुटिलताएं थीं। मानो वहां भी एक हाहाकार था, वहां दूसरों के परिश्रम, दूसरों की मेहनत पर पलता हुआ प्रत्येक अपने-आपको मानवतावादी सिद्ध करने की चेष्टा करता था।

बुढ़े ने इस पतलूनवाले व्यक्ति को देखकर कहा—बिलासी, ले आ जा, कुछ खाने को ले आ।—मानो वह दो दुनिया बांट देना चाहता था। उसके लिए उस समृद्ध पुरुष का अस्तित्व इस समय कुछ नहीं था।

अनोखी की दांती फिर बजने लगी और फिर चिल्लाने-सी लगी—अरे मर गई, अरे मर गई। कोई मेरी पसलियां तो दवा दो।

पतलूनवाला व्यक्ति उसके समीप आ गया और बोला—बहिन, तुमको क्या हुआ है?

उस सम्बोधन को सुनकर मानो अनोखी चौंक उठी। उसने व्यंग्य से बूढ़े की ओर देखकर कहा—अरे, यह मेरा भैया कहां से आ गया?

बूढ़े ने कठोर स्वर से कहा—हरामजादी, तुझसे नहीं कह रहे हैं। बाबूजी बड़े आदमी हैं, अदब से बात कर।

"नहीं-नहीं।" आगन्तुक ने चश्मे से घूरते हुए कहा—मैं तुम्हीं से कह रहा हूं।—वह जैसे अपने विचारों में भूला हुआ था। क्या बात है कि यह मेरी बहिन नहीं हो सकती और मैं इसका भाई नहीं हो सकता?—और उसने बूढ़े की ओर इशारा करके कहा—क्या तुम बता सकते हो कि तुम कौन हो और मैं कौन हूं?

बूढ़े को आश्चर्य हुआ। उसने बीड़ी में दम लगाया और धुआं ऊपर छोड़ते हुए कहा—हुजूर, आप गलती से तो यहां नहीं आ गए हैं? हुजूर, ज्यादा बोतल

तो नहीं पी गए हैं?

"ओ, नहीं, नहीं, नहीं। तुम नहीं समझते।" आगन्तुक ने कहा–तुम प्रोफेसर उमाशंकर को नहीं जानते। वह कभी नहीं पीता। अच्छा, मैं समझता हूं कि तुमको यह ताज्जुब हो रहा है कि मैं यहां तुम्हारे पास क्यों आया हूं। मैं तुम्हारे पास नहीं आया हूं। मैं आज तक किसी के पास नहीं गया है। मैं एक बात पूछ सकता हूं? शायद तुम नहीं बता पाओगे। सवाल यह उठता है कि आदमी आदमी के पास क्यों जाता है?

बूढ़े ने कहा–हुजूर, कोई काम पड़ता है तो जाता है।

प्रोफेसर ने फिर कहा–यानी कि आदमी मतलबी होता है। अगर आदमी का मतलब एक-दूसरे से नहीं हो, तो वह एक-दूसरे से मिलना भी बन्द कर दे?–अनोखी आश्चर्य से उठकर बैठ गई जैसे वह अपने बुखार को भूल गई थी। उसके मैले चिथड़ों में से दुर्गन्ध आ रही थी। प्रोफेसर ने उसके पास बैठते हुए कहा–तुम्हारी पसली में दबा दूं? क्या तुम्हें उससे कुछ फायदा हो सकता है?

बूढ़े का विकराल हास्य गूंज उठा। उसने बिलासी की ओर देखते हुए कहा–अरे, तू अभी तक गया नहीं कुछ खाने को लाने को! बाबूजी भी दिल्लगीबाज़ हैं, मजा लूटने को आए हैं। एक और आया था बहुत दिन पहले उसने कहा, मैं तुमपर एक किताब लिखूंगा और इसलिए मैं मसाला इकट्ठा कर रहा हूं। एक फोटू भी ले गया था जीबू का। एक अखबार में भी छपा था। जीबू का वह फोटू रमजानी ने फाड़ दिया था, जिससे दोनों में चक्कू चल गए थे। तू जा, अपना काम कर। ये तो बड़े आदमी हैं। तू क्या लेगा, बेटा?

लेकिन प्रोफेसर निश्चिन्त होकर बैठ गया था। वह आलती-पालती मारे था। उसने अपनी जेब से सिगरेट निकालकर सुलगाई और कहा–तो आज यह नौबत आ गई है कि आदमी आदमी का भरोसा नहीं करता। लेकिन ऐसा क्यों होता है? हम लोगों के बीच में क्या दीवार है? मैं जहां तक समझता हूँ, यह दीवार पैसे की है। तुम यह कल्पना नहीं कर सकते कि मुझ जैसा आदमी तुम लोगों के बीच में आकर बैठेगा। क्यों? क्या बात है? क्यों नहीं बैठना चाहिए? इसलिए कि तुम्हारे कपड़े गन्दे हैं? इसलिए कि तुम गरीब हो? इसलिए कि तुम्हारे पास शाम को खाने को नहीं है? इसलिए कि तुम भीख मांगते हो? लेकिन मैं यह पूछना चाहता हूं कि आदमी भीख क्यों मांगता है? अगर वह मजबूर

नहीं हो तो क्या वह अपनी मर्जी से भीख मांग सकता है?

बूढ़ा जैसे प्रभावित हुआ। बिलासी की आंखें कुछ फैल गईं और उसने कर्कश स्वर से कहा—अरे बाबूजी, बड़े देखे हमने ऐसे। कहते सब हैं, जब अपने पर आती है तो करता कोई कुछ नहीं है।

बूढ़े ने कहा—अकेला चना क्या भाड़ भूंज लेगा? बाबूजी! जाइए, आप अपनी नींद क्यों खराब करते हो? बनानेवाले ने हमको ऐसा बनाया है। आप अपना सब कुछ हमें दे दो तो आप हममें से एक हो सकते हो। लेकिन आपका सब कुछ लेकर भी हम लोग आपमें से एक नहीं हो सकते। यह अपना-अपना भाग्य है, जिसके लिए हम मांगते हैं, जिसके लिए हम तड़पते हैं। मैंने बहुत दुनिया देखी है, बाबूजी। जब मेरे तन में ताकत थी तब मैं मिल की मज़दूरी करता था। तब मैंने लाल झंडा लेकर हड़तालें भी की थीं। मेरे सामने पुलिस की गोलियां चलीं। मैंने नौजवानों को पलटकर नीचे गिर जाते देखा। मैंने उनकी बेवाओं की आहें सुनीं, उनके बच्चों को बिलख-बिलखकर रोते देखा। लेकिन कुछ नहीं होता। जो जैसा है वैसा ही नजर आता है। मैं कुछ और नहीं जानता; पर कुछ लोगों के पास पैसा आता है, हम लोगों के पास नहीं आता। क्यों नहीं आता? यह मैं नहीं जानता। अगर हमारी किस्मत में होता तो हमारे पास भी आता। लेकिन नहीं। देनेवाले ने नहीं दिया है। पहले हमको समझाया जाता था कि बड़े लोग खा जाते हैं। हमने एक बार एक मिल में आग भी लगाई थी। पर उससे भी कुछ नहीं हुआ। वह राज्य भी बदल गया। मैं बूढ़ा हो गया हूँ, तब भी भिखारी था, अब भी भिखारी हूं। बाबूजी, मैं चार बरस का था तब मेरी मां ने इसी सड़क पर हाथ फैलाकर बैठाया था। उस वक्त भी देनेवाले देते थे, आज भी देनेवाले देते हैं। हां, बाबूजी, आप कौन हैं? आप यहां कैसे आ गए?

प्रोफेसर ने आराम से जमीन पर लेटते हुए कहा—मैं बहुत छोटी दुनिया में रहा करता था। क्या नाम है तुम्हारा?

बूढ़े ने हंसकर कहा—मुझे हीरा कहते हैं।

"हां तो दोस्त, हीरा!" प्रोफेसर ने कहा—हां भाई हीरा, हीरा नाम अच्छा है। हां, गुदड़ी का हीरा धूल में लोटता है। सड़क पर दूसरों के आगे हाथ पसारकर मांगता है। जिन्दगीभर भीख मांगता रहा। लेकिन क्या नाम चुनकर रखा है, हीरा! वाह-वाह, हीरा! इस दुनिया का क्या कोई ठिकाना है? तुम जानते हो,

हीरा, शंकराचार्य क्या कहा करते थे? मैं अब यह बात मानने लगा हूं, वे बात तो ठीक कहते थे—अंग-अंग गल जाते हैं, सिर के बाल सफेद हो जाते हैं, आदमी का शरीर टूटकर रह जाता है, हाथ में पकड़ी हुई लाठी कांपने लग जाती है, लेकिन फिर भी आशा लिए हुए आदमी मांगता चला जाता है। आदमी से नहीं मांगता, परमात्मा से मांगता है। क्या मांगता है? अगर उसके भाग्य में वह है तो वह उसे खुद मिल जाए। दादूदयाल कहा करते थे—

दादू दुनिया बावरी फिर-फिर पूछे सौन।
लेखनहारा लिख गया, मैटनहारा कौन?

लेकिन मैं एक बात समझ नहीं पाता हूं, हीरा! लिखनेवाले ने ऐसी किताब क्यों लिखी? क्या जरूरत थी दिल्ली में राष्ट्रपति भवन बनाने की? क्या जरूरत थी मोटरवालों को बनाने की? क्या जरूरत थी इतने आदमियों को सड़क के ऊपर भीख मांगने को बनाने की? क्या जरूरत थी कि इतने आदमियों को आदमियों से भीख मांगने को बैठाया जाए? क्या जरूरत थी हीरा को बनाने की? क्या जरूरत थी इस उमाशंकर को बनाने की? उमाशंकर, जिसने कल भी किसी का कुछ नहीं बिगाड़ा, लेकिन उसकी बेटी का कत्ल कर दिया गया। क्यों? तुम जानते हो, हीरा, मैंने उसे किस हालत में देखा? वह खून से तर-बतर थी। वह सो रही थी। मैंने उसे बचपन से इसलिए पाला था कि अचानक एक दिन सवेरे मेरे पास से जाए और रात को लौटकर आए तो लाश बनकर आए? मेरे कितने अरमान थे उसके पीछे। मैं देखता हूं वह नहीं है तो मेरे लिए कुछ नहीं है। और मेरे लिए कुछ नहीं है तो मेरे लिए दुनिया में कुछ नहीं है। परमात्मा की यह दुनिया तब तक है, जब तक मैं हूं। यह नहीं कि मैं इस बात को नया कह रहा हूं। और भी लोग कह चुके हैं। एक पल-भर को मेरी आंख मिच जाने दो, फिर मुझे क्या मालूम कि यहां हीरालाल बैठा है। इस लड़के का नाम क्या है?

"हुजूर, इसका नाम बिलासी है।"

प्रोफेसर फिर हंसा—क्या नाम है बिलासी? क्या बिलास किया है जिन्दगी में? यह क्या बिलास कर सकता है? बहुत से बहुत ठर्रा पी सकता है। ठर्रा पीकर दंगा कर सकता है। दंगा करके पुलिस के हाथों पिट सकता है। और जिन्दगी इसे इसी तरह बितानी पड़ेगी। और तुम्हारा क्या नाम है?

अनोखी ने कहा—हुजूर, मेरा नाम अनोखी है।

''ठीक है। किस तरह से तू अनोखी है? तू अनोखी नहीं। तुझ जैसी बहुत औरतें भीख मांगती हैं, गरीबी से तड़पती हुई। लेकिन सब चलता है। समझ में नहीं आता है ऐसा क्यों होता है? इसका जवाब आज तक मुझे किसी ने नहीं दिया है।'' और उन्होंने हीरा की ओर देखकर कहा—देखो, भाई हीरा, यह मत समझना कि मैं सिर्फ कल्पना की बात करता हूं। मैंने भी दुनिया बहुत देखी है। मैंने कार्ल-मार्क्स को पढ़ा है।

हीरा ने कहा—किसे बाबूजी?

प्रोफेसर हंसे और बोले—हां, तुम क्या समझो! तुम नहीं समझते, यह तुम्हारे लिए अच्छी चीज है क्योंकि तुम जिस जिन्दगी में रहते हो, उसमें समझने भी लग जाओगे, तो उसके बाद फिर तुम जिन्दा नहीं रह सकते। जिन्दा रहने के लिए जरूरी है कि आदमी की आंखों पर पट्टी बंधी रहे, अगर आदमी चौबीस घंटे याद रखे कि उसे एक दिन मर जाना है तो वह काहे को इतना जश्न मनाए? काहे को इतनी आस करे? काहे को इतनी इमारतें बनाए? वह तो यह समझ रहा है कि उसे कभी मरना नहीं है।

प्रोफेसर की बात जैसे समाप्त नहीं हो रही थी। इस समय तक नन्दू, वीरा, भोला और न जाने कितने स्त्री-पुरुष फुटपाथ पर से सरककर घेरा डालकर वहां बैठ गए थे। प्रोफेसर को जैसे कोई चिन्ता नहीं थी। उसने दूसरी सिगरेट सुलगाई और अपना पैकेट हीरा की ओर बढ़ाकर कहा—पियो!

हीरा सकपका गया। लेकिन भिखारी था, किसी का नौकर नहीं था। प्रोफेसर ने कहा—झिझकते क्यों हो? पियो!

हीरा ने कहा—आप निकालकर दे दो, बाबूजी। आप बख्शीश दे दो।

प्रोफेसर हंसे और बोले—आदत एक बड़ी भयानक चीज है। मैं जब छोटा था तब अपने चचा के यहां जाया करता था। चचा, हमारे जागीरदार थे। उनके खेत में उनका एक बूढ़ा बैल खेत चरने आ जाया करता था। पच्चीस साल उसने उनके यहां खेत जोते थे। उसके बाद उन्होंने सोचा कि इस बेचारे ने हमारा बहुत काम किया है, इसको अब आजाद कर देना चाहिए। उन्होंने उसको आजाद कर दिया या यूं कहूं कि आजादी के नाम पर उन्होंने उसकी मुसीबत को अपने ऊपर से हटा लिया, क्योंकि बूढ़े बैल को कौन खड़े-खड़े खिलाता है। और उसका नतीजा यह हुआ कि वह इधर-उधर के खेतों में चरने लगा। कुछ दिन में वह मोटा हो गया। और फिर वह इन्हीं के खेतों में आकर चरने

लगा।—यह कहकर प्रोफेसर ने एक लम्बी सांस ली और बालों को खुजाया और कहा—जब वह इस तरह दो-तीन दफा आया तो चचा ने कहा, अब पकड़ लो इसे, जोत दो आज। उसके नाथ भी नहीं डाली और जूआ कंधे पर रख दिया। पच्चीस साल की आदत थी, चुपचाप बैल जुताई करने लगा। शाम को जब छोड़ दिया गया, तो उस दिन के बाद फिर लौटकर नहीं आया—यह कहकर प्रोफेसर बड़े ज़ोर से हंसे और बोले—आदत एक चीज होती है। लो, मैं देता हूं अपने हाथ से सिगरेट। पियो। तू पीता है, बिलासी?

बिलासी की दांती फट गई। वह कुछ समझ ही नहीं पाया कि मैं इसका क्या उत्तर दें।

प्रोफेसर ने कहा—यह पैकेट लो। सबको पिलाओ। लेकिन सिगरेट कम थी। जब बिलासी पैकेट लेकर सिगरेट वांटने लगा तो भिखमंगों के हाथ लपकने लगे। प्रोफेसर ने कहा—यह लो। कहकर एक रुपये का एक नोट निकाला और कहा—जाओ, इसकी सिगरेट खरीद लाओ। सबको पिलाओ।

बिलासी दौड़कर गया। सामने की छोटी-सी दुकान से सस्ती सिगरेटें खरीद लाया। और अब मजमा प्रोफेसर को घेरकर बैठ गया। धुआं उड़ने लगा। भिखारियों के लिए एक दिल्लगी थी। उनकी राय में एक सनकी आदमी उनके बीच में आ बैठा था। हो न हो, यह पागल जरूर है।

अनोखी ने बड़ी बुद्धिमत्ता से अपने पास के एक भिखारी से कहा—सदमा बैठ गया है। लड़की मर गई है। हूं...

उसकी 'हूं' में बड़ी विद्वत्ता भरी हुई थी जैसे जीवन के अनुभवों का निचोड़ उसने उठाकर दिया था।

9

पोर्टिको में गाड़ी रोककर नरेश ने हॉर्न बजाया। बंगले में सन्नाटा छा रहा था जैसे वहां कोई रहता ही नहीं था। नरेश गाड़ी से नीचे उतर आया। उसने आवाज़ लगाई—अरे कोई है?

माधो ने बरामदे की बत्ती जलाई। नरेश ने देखा, माधो खड़ा था। आंखें जैसे गड्ढों में धंस गई थीं। उदासी उसके चेहरे पर मंडरा रही थी। नरेश को

लगा जैसे यह आदमी अब जिन्दा नहीं था क्योंकि उसकी आंखें पथरा गई थीं, जसे जीवन की सारी ममता चकनाचूर होकर नीचे गिर पड़ी थी और अब वह एक छाया थी चलती-फिरती, जिसमें आवेग के नाम पर कुछ भी शेष नहीं था। नरेश को क्षण-भर ऐसा लगा जैसे वह किसी गलत जगह आ गया था।

माधो ने बुझे हुए स्वर से कहा—राम-राम बाबू। मानो यह कहते हुए भी उसे बहुत परिश्रम करना पड़ा हो।

नरेश ने इधर-उधर देखा और कहा—क्या बात है? सब बत्तियां कैसे बुझी हैं? महाराज कहां गया?

''सो रहा है।'' माधो ने उसी भारी स्वर से कहा।

"खाना-वाना हो गया?''

''कैसा खाना, बाबूजी!''

''क्यों? प्रोफेसर साहब कहां हैं?''

माधो की आंखों में करुणा जैसे बिलखने लगी, जैसे सोया हुआ सागर सांप की तरह कुंडली मारकर इकट्ठा हो गया और अपना फन उठाकर नकारात्मक रूप से इंगित करने लगा—मुझसे मत पूछो! मुझसे मत पूछो!

नरेश ने कहा—प्रोफेसर साहब सो गए?

माधो ने बाहर के अंधकार की ओर देखकर कहा—सोने वाला सो गया। जागनेवाले जाग रहे हैं।

नरेश को ऐसा लगा जैसे कोई बहुत बड़ी मकड़ी थी जो आराम से किसी कीड़े के चारों तरफ अपना जाला लपेटती चली जा रही थी। उसे खा जाना चाहती थी। उसका रक्त चूस लेना चाहती थी। लेकिन कहीं एक दैव और था। एक अनजान हाथ आया। उसने एक सींक से उस कीड़े को उस मकड़ी के हाथ से हटा लिया। उस कीड़े में जीवन बाकी था। वह फिर से जीवित रहने के लिए निकल पड़ा। उसने कहा—मैं कुछ समझा नहीं, माधो! मुझे प्रोफेसर साहब से बात करनी थी। पुलिस को अभी कुछ पता नहीं चल पाया है कि निर्मल किस तरह मारी गई।

माधो ने भर्राए स्वर से कहा—अब मालूम होकर भी क्या होगा, बाबूजी! वह तो लौटकर नहीं आएगी। मुझे मालिक ने बरसों से तनख्वाह दी है। जब मेरे सब बच्चे मर गए थे, तो उसके बाद ही मालकिन इस दुनिया से चली गई थीं। तो बाबूजी ने इस बच्ची को मेरे सामने रख दिया था। उस दिन मैं भूल

गया था कि मैं कितनी गलती कर रहा था। मैंने बालू की नींव पर खड़ी हुई छोटी-सी दीवार को बढ़ाया था इस आस से कि एक दिन इसकी छांह में बैठूंगा, लेकिन वह दीवार बड़ी भी नहीं हो पाई कि बालू में गिर पड़ी और गिरी भी किसपर मुझपर। बिटिया चली गई। कितनी मेरे मन में थी कि जिस दिन उसका ब्याह होगा, उस दिन मैं उसको अपने बचाए हुए दो हजार रुपये दूंगा। लेकिन उसके हाथ पीले नहीं हुए। जैसी आई थी वैसी ही चली गई। —माधो की आंखों में आंसू आ गए और उसने आंखें पोंछकर फिर कहा—अभागा हूं मैं कि मेरी आंखों में आंसू आते हैं। लेकिन मालिक! मालिक नहीं रोते। उनकी आंखें न जाने क्यों सूख गई हैं! ऐसा लगता है कि उनके अन्दर आग लग गई है और सारा पानी सूख गया है। जब मालकिन चली गई थी तब वे बहुत रोए थे, लेकिन अब की बार उनकी आंखों में आंसू नहीं देखे। अब उन्हें भूख नहीं लगती है। कल भी चले गए थे। आज भी न जाने कहां चले गए हैं। महाराज बार-बार आकर मुझसे पूछता है, रोटी बना दूं। मैंने कहा, कम्बख्त, तू बना ले और खा ले। मेरा सिर क्यों खाता है! कल उसने भी कुछ नहीं बनाया। आज उसने दो रोट बनाए। मेरे पीछे ही तो पड़ गया। पेट की आग बड़ी भयानक होती है, बाबूजी! मैंने बड़ी बेसरमाई से खाया। कौर खाता था और वह मुंह को लौट आता था। मैंने अपनी बच्ची को अपने हाथ से चिता पर रखकर जला दिया। और माधो घुटनों के बल बैठकर हाथों में मुंह छिपाकर हिचकियां भर-भरकर रो उठा। नरेश ने कहा—प्रोफेसर साहब का कोई रिश्तेदार नहीं है यहां?

"उनका कोई रिश्तेदार नहीं, जो आ सके। मेरी तो समझ में नहीं आता कि इतना बड़ा बंगला, इतने जमा किए हुए रुपये, इन सबको अब भोगनेवाला कौन है! मालिक बोलते नहीं मुझे तो कुछ और ही डर लग रहा है।"

नरेश की आंखें एक रहस्य से भर गईं और उसके दिमाग में एक ही हथौड़ा-सा बजने लगा—कोई नहीं है, कोई नहीं है। इतना बड़ा बंगला, इतने जमा किए हुए रुपये! कोई नहीं है। कोई नहीं है। और उसने अपने-आपसे पूछा, इस सबका क्या होगा? किसको मिलेगा यह सब? किन्तु जैसे अपनी क्षुद्रता के ऊपर अपने-आप सिहर उठा। अपने-आपसे उसने कहा, ऐसी कुटिलता से मत सोचो। यह ठीक नहीं है। भीतर से न जाने किसने सिर उठाकर कहा, अरे, दुनिया है, इसमें आना-जाना लगा रहता है। जब कोई नहीं है तो फिर तुम इस सबके मालिक क्यों नहीं बन सकते? प्रोफेसर का सहारा और है ही कौन? बूढ़ा

माधो तो नहीं हो सकता। अगर निर्मल होती तो यह सब किसके पास आता? घूम-फिर कर नरेश के पास! उसने निर्मल को धोखा नहीं दिया। जब वह यहां आया था तब उसे आशा भी नहीं थी कि यह बात उसे ज्ञात होगी। वह किसी स्वार्थ को लेकर यहां नहीं आता था। लेकिन फिर दूसरा विचार आया, यह बात ठीक नहीं है, नरेश, किसी की मौत हो गई, यह तुमको क्या सूझा है!

मनुष्य अन्तर्मन में कभी-कभी कितनी कमीनी बात सोच जाता है, यह वह कभी सोच भी नहीं पाता है। ऐसी कि उसे अपने ऊपर लज्जा होती है और सचमुच वह उसपर प्रायश्चित करना चाहता है, लेकिन न जाने कितनी शताब्दियों के संकुचित संस्कार उसके भीतर हिंस्र जन्तु के समान बैठे रहते हैं। व्यक्ति और समाज! यह समाज उसकी उस लोलुपता को नहीं ढक सकता जो उसके अभावों से जन्म लेती है। अभाव वस्तु का नहीं होता, वस्तु-स्थिति का होता है। नरेश जैसे चैतन्य हो गया।

माधो उठ खड़ा हुआ था। उसने कहा—बाबूजी, कुछ मालिक का पता चल सके तो देखें। इस वक्त उन्हें एक सहारे की जरूरत है।—यह कहते-कहते उसकी आवाज़ जैसे कांप उठी और उसने कहा—मुझको तो और ही डर लगने लगा है, कहीं वे पागल न हो जाएं। एक भीख मांगता हूं बाबूजी; अगर आप कर सकें तो ज़िन्दगी के ये आखिरी दिन भगवान से आपके भले की प्रार्थना करते निकल जाएंगे।

नरेश ने उसकी ओर देखा, अथाह याचना थी उन आंखों में। उसने कहा—मुझे बताओ, माधो। अगर मैं कर सका तो जरूर करूंगा। लेकिन काम ऐसा होना चाहिए जो मैं कर सकूं।

माधो ने कहा :

अगर आप एक बार मेरे मालिक को रुला दें, एक बार उनकी छाती पर पत्थर की तरह जम गए दुःख को पिघला दें तो शायद उन्हें होश आ जाए। मुझसे कह रहे थे, माधो, हम लोगों के जीवन में कहीं न कहीं पाप जरूर था, वरना ऐसा क्यों होता? और फिर अपने-आपसे बोले—अगर पाप था भी तो दंड उसे क्यों मिलना चाहिए था? क्यों माधो, उसके शरीर पर जब लट्ठ पड़ा होगा तो उसको बहुत दर्द हुआ होगा? कैसे सहा होगा उस बेचारी ने इतना दर्द? वह तो फूल की तरह नाजुक थी। आखिर मारनेवाले को मिला क्या? नहीं, नहीं माधो, कोई बात ज़रूर होगी और इस बात का मैं पता लगाकर रहूंगा।—

वे मुझसे बोले—माधो, तुम जानते हो दुनिया कितनी बड़ी है?

मैंने कहा—मालिक, बहुत बड़ी है।

बोले—तो भी कितनी बड़ी है?

मैंने कहा—मालिक, आसमान के तारों को क्या कोई गिन सका है?

मुझसे हंसकर बोले—तू क्या पुराने ज़माने की बात करता है, माधो! आसमान के तारे गिन लिए लोगों ने, इन्सान के शरीर के बाल गिन डाले। अब वे लोग दूसरे तरीके से काम करते हैं। एक इंच नापकर बाल गिन लेते हैं, उसका औसत करके बाकी बाल गिन लेते हैं और पता लगा लेते हैं कि कितने बाल हैं। आसमान में पैबन्द लगा देते हैं टुकड़े-टुकड़े करके। एक टुकड़े के तारों को गिन लिया और औसत लगा लिया। कई टुकड़ों में उसको बांट लिया और उसको गिन लिया। सब कुछ कर सकता है इन्सान, लेकिन क्या वह मौत से जीत सकता है?

बाबूजी—वे यह कहकर हंसने लगे और बोले—उस पापी का पता लगाना पड़ेगा। और फिर सोचकर कहने लगे—मेरी बिटिया नेक थी न? तुम्हें किसी तरह उसपर कोई शक तो नहीं है न? क्या उसने कोई ऐसा काम तो नहीं किया था जिसका उसको यह नतीजा मिलना जरूरी था?

यह कहते-कहते माधो की आवाज़ भर्रा गई, जैसे उसका कंठ रुंध गया था और अब वह आंखों से नहीं दिल से रो रहा था।

नरेश ने अपना चेहरा दूसरी तरफ फेर लिया और कहा—धीरज रखो, माधो। हम लोग नहीं जानते कि कब क्या होता है और अब क्या होने को है। लेकिन जो हो चुका है वह हो चुका है और वही होता है जो होने को होता है। हमें अपनी सबसे बड़ी मजबूरी से समझौता करना पड़ता है। सब करते हैं। तुमको भी करना होगा। प्रोफेसर साहब को भी करना होगा, मेरा भी सपना उजड़ गया है, मुझे भी समझौता करना होगा। निर्मल मेरी जिन्दगी में एक बहार लाई थी। इंगलैंड जाने से पहले मैंने उसे वचन दिया था कि लौटकर तुम्हारे पास आऊंगा। मैं आ गया। उसने मुझे वचन दिया था कि मैं तुम्हारा इन्तज़ार करूंगी। उसने मेरा इन्तज़ार किया। लेकिन सपना शुरू होते ही पलकें जैसे खुल जाएं वैसे ही मेरी नींद टूट गई। मैं जानता हूं मैं कोई साधु-संत नहीं हूं। एक मामूली इन्जीनियर हूं। मैं यह भी जानता हूं कि प्रोफेसर साहब ने बेईमानी से रुपया नहीं कमाया है। हां, मैं कमा लेता हूं। लोगों को रुपये की जरूरत पड़ती है। मुझे भी पड़ती

है। मेरे जरिये मशीनों के आर्डर आते हैं और मुझे कमीशन मिलता है। मैं तुमसे कह रहा हूं क्योंकि मैं अपने मन को हल्का कर लेना चाहता हूं। जानता हूं, मैं किसी से दगा करता हूं लेकिन दुनिया में सब तरफ आदमी एक-दूसरे से दगा करते हैं। लेकिन निर्मल ऐसा नहीं करती थी। वह मुझसे कहा करती थी कि जब हम लोगों को शादी हो जाएगी तो वह कोई ऐसा काम शुरू करेगी जिसमें दुनिया का भला हो। माधो, मैं इस बात को सुनकर हंसा करता था। मैं कहता था, तुम इतने आराम से पलो हो, तुम्हें यह सब सोचने की क्या जरूरत है! लेकिन वह कहा करती थी कि हम सब इसी तरह से एक-दूसरे से दूर हो जाते हैं। हमें एक-दूसरे के पास आने की कोशिश करनी चाहिए।

नरेश को ऐसा लगा जैसे वह खो गया था और फिर उसने अपने आप बड़बड़ाकर कहा—एक सपना टूट चुका है, लेकिन सपने बार-बार आते हैं। आदमी अपने को बार-बार भुला देने की कोशिश करता है। कौन जानता है कि क्या होगा?—और जैसे उसे याद आया, उसने चौंककर कहा—अच्छा, मैं चलता हूं। माधो! प्रोफेसर साहब आएं तो उनसे कह देना, मैं आया था। मैं कोशिश कर रहा हूं कि पता चलाऊं। मैं इसलिए पता चलाना चाहता हूं कि ऐसा खून राजधानी में सबकी नाक के नीचे हो जाए और किसी को पता भी न चले! ऐसा तो नहीं होना चाहिए न! और भी तो लोग दुनिया में रहते हैं। अच्छा।

वह उत्तर की प्रतीक्षा किए बिना नीचे उतर गया और मोटर की खिड़की खोलकर उसने गाड़ी स्टार्ट कर दी। माधो लुटा हुआ-सा देखता रहा और उसने एक बार फिर बरामदे की बत्ती बुझा दी, मानो अन्धकार में अन्धकार घुलकर मिल जाना चाहता था। अब उसे घर में प्रकाश होते हुए अच्छा नहीं लगता था।

10

बत्तियां जल उठी थीं। प्रोफेसर अब मानो जम गए थे। चारों ओर भिखारी बैठे थे। सिगरेटें उड़ रही थीं। अनोखी का जैसे बुखार चला गया था। बूढ़े ने कहा—अरे बिलासी, जा कुछ खाने को ले आ। फिर तू भूखा सो जाएगा रात को।

बिलासी का मन नहीं कर रहा था कि प्रोफेसर को छोड़कर चला जाए।

जीवन की इस विचित्र घटना को वह आज पूरी तरह देख लेना चाहता था। जितना इसका आकस्मिक प्रारम्भ हुआ था, इसका उतना ही आकस्मिक अन्त भी देख लेना चाहता था। किसी भिखारी का पैर कटा हुआ था और उसने उसपर ताजे घाव की नकल बनाते हुए रंग लगा रखा था। बड़ा घिनौना लगता था देखने में। लेकिन वह स्पष्ट ही रंग था क्योंकि उसपर दिन में भी मक्खियां नहीं भिनभिनाती थीं। उसके पास मानो अपनी दुकान के साइनबोर्ड-स्वरूप वह घाव था। उस घाव के बल पर वह अपने पेट के दोजख को भरने के लिए इन्तजाम किया करता था। किसी ने अपनी दाढ़ी और बाल बढ़ा रखे थे और लम्बा चोगा पहनता था। देखने में साईं लगता था। उस विचित्र वेश-भूषावाले समाज में प्रोफेसर दोनों पैर फैलाए हुए बैठे थे। उन्होंने एक हाथ को पीछे टिकाकर दूसरे हाथ से सिगरेट में कश लगाया और कहा—हीरा, तुम लोगों में से कोई गाना भी जानता है!

हीरा ने हंसकर कहा—गाना भी जानते हैं, रोना भी जानते हैं।

प्रोफेसर ने घाववाले भिखारी का पैर देखा और कहा—यह घाव तुम्हारे कब लगा!

अनोखी ने मुस्कराकर कहा—दस साल पहले इसके यह घाव लगा था।

"दस साल!" प्रोफेसर ने चौंककर कहा—आज तक भरा नहीं सेप्टिक नहीं हुआ! सड़ा नहीं!

भीड़ हंस पड़ी। उसी समय 'छम-छम' की आवाज आई—चचा, आज तो बड़े जशन हो रहे हैं!—एक लड़के ने पैरों के घुंघरू बजाते हुए कहा।

हीरा ने कहा—चुप रह, हुजूर बैठे हैं।

उस युवक ने देखा तो उसे बड़ा आश्चर्य हुआ। वह दिन-भर पैरों में घुंघरू बांधकर चेहरे पर सफेदी और ललाई रंगे हुए, नुकीली गोल ऊंची टोपी पहनकर रास्ते पर नाच-नाचकर बीड़ी बेचता था। इन्हीं में से एक था जो अपनी जिन्दगी से ऊब गया था। उसे बीड़ी पीने का इतना ज्यादा शौक था कि मुफ्त में बीड़ी पीने के लिए उसने यह काम अख्तियार कर लिया था और इस पेश की अच्छाई यह थी कि जब उसके साथियों को निश्चित रूप से शाम को रोटी नहीं मिलती थी, तब भी वह भूखा नहीं सोता था क्योंकि उसे मजदूरी मिलती थी। बिलासी उसको देखकर घृणा से कहता—नचकैया साला, जनानिया!—लेकिन वह कहता था, साले, तेरी तरह पेट दिखाकर भीख नहीं मांगते। आज उसने जब प्रोफेसर

को देखा तो उसका मन भीतर ही भीतर कुढ़ने लगा। उसने बड़े अनपढ़ तरीके से पूछा– बाबूजी, पागल हो गए क्या, जो तुम इन जैसे लुच्चे-लुंगाड़ों के बीच आ बैठे!

प्रोफेसर ने मुड़कर कहा–यह कौन है! यह गाना जानता है!

"हुजूर, बहुत उम्दा गाता है।"

अब भीड़ में से आवाजें उठने लगीं–चल बे झंपों के, इधर आ, बाबूजी को गाना सुना, नाच दिखा!

उसको झिझकते देखकर बूढ़े ने कहा–चल बे बांके! साले, दुनिया भर में नाचता फिरता है, यहां तुझे शरम लगती है! आज एक बादशाह-तबीयत हमारे बीच में आया है। यह भी दिन याद रह जाएगा कि एक दिन ऐसे भी लोगों का एक दरसन हमें मिला था।

भीड़ चिल्लाने लगी–चल बे, चल बे!

प्रोफेसर को जैसे आनन्द आ रहा था। उसने कहा–एक वह दुनिया थी जिसमें मैं रहा करता था, हीरा, वह दुनिया इससे अलग थी। लेकिन इस दुनिया का बनानेवाला कौन है! पूंजी या भगवान! पूंजी को हटाने का इन्तजाम करनेवाले धोखा देते हैं। प्रजातंत्र का नाम लेनेवाले रिश्वतखोरी और भ्रष्टाचारी । बड़ी से बड़ी हस्ती के नाम लेकर झूठ बोलते हैं और झूठ से उनकी हुकूमत चलती है। जिसके हाथ में हुकूमत है, वह उसको छोड़ना नहीं चाहता और इसके लिए वह पच्चीसों आडम्बर बनाना जानता है। चूंकि लाठी उसके हाथ में है इसलिए भैंस उसी की कहलाती है।–और प्रोफेसर ने स्वर बदलकर कहा–आ बेटा बांके, दिखा अपना नाच! गाना सुना!

और बांके घुंघरू बजाता हुआ निहायत फाश तरीके से नाचता रहा। और फिर उसके मुंह से पतली-सी आवाज निकलने लगी–ओ साइकलवाली छोरी. ..! –प्रोफेसर ने विस्फारित नेत्रों से देखा। उसे लग रहा था कि वह अब नया आदमी था। वह जिस दुनिया में रहता था वह दुनिया कहीं मर गई थी और उस दुनिया के अन्दर जो एक मरी हुई दुनिया दिखाई देती थी, वह अब उसके लिए जग उठी थी। जैसे जब औरत जिन्दा थी उसका बच्चा दिखाई नहीं देता था। वह उसके अन्दर पल रहा था। लेकिन उस औरत के मर जाने के बाद यह बच्चा जिन्दा था और वह औरत मर चुकी थी।

गीत चलता रहा, लोग तालियां बजाते रहे। गीत में गीत, नाच में नाच।

क्षण-भर का उनका आनन्द था और जो आनन्द था उसमें वे जीते थे और जो मौत थी उसमें वे मरते थे। उनकी जिन्दगी और मौत एक पहलू का बदल जाना था, जहां भीख एक आदत हो चुकी थी, जहां गन्दा रहना रक्त में आ चुका था, जहां अपमान क्रोध जगाना भूल चुका था और जहां इन्सान जानवर होकर भी अपने को कुत्तों से अच्छा समझता था। गीत समाप्त हो गया। बांके अब अंतरंग-मंडली में आ बैठा।

एक आदमी ने कहा—अरे, आज तो मर गए सवेरे से शाम हो गई। बस, सवेरे एक आने के चने खाए थे। आंतें सिकुड़ी जा रही हैं।

प्रोफेसर ने सुना और कहा—क्या कहा तुमने? तुमको भूख लग रही है!

वह आदमी जैसे सहम गया। जाने कहां का आत्मसम्मान उसके अन्दर शेष था कि अपने से पूछनेवाले से यह नहीं कह सका कि वह भूखा था। वैसे दुनिया से वह चिल्ला-चिल्लाकर कहता था, मैं भूखा हूं। मुझे कुछ खाने को दो।

प्रोफेसर ने फिर कहा—भूख बहुत खतरनाक चीज होती है। हीरा, मुझको भी भूख लग रही है।—और प्रोफेसर को सचमुच भूख लग रही थी। निर्मल की मौत के बाद उसने आज तक कुछ नहीं खाया था। जैसे कोई आदमी किसी बन्द कमरे में घुट रहा हो और उसे ले जाकर मरघट की खुली हवा में छोड़ दिया जाए तो वहां की धुएंदार, बदबूदार हवा भी खुली होने के कारण अच्छी लगने लगती है। इसी तरह प्रोफेसर का जीवन भी अन्दर- अन्दर घुट उठा, उसके अन्दर लालायित तृष्णा पुकार उठी, उठ, कुछ खा, कुछ खा। आत्मरक्षा की निर्लज्जता पुकारने लगी, उमाशंकर, कुछ खा। तेरे खाए बिना तो कुछ नहीं होगा। देख, तेरे चारों तरफ कितने आदमी बैठे हैं। सब भूखे हैं। तेरे लिए बाकी दुःख-दर्द इतने बड़े हैं लेकिन इनके लिए पेट का दर्द इतना बड़ा है। और प्रोफेसर को जैसे याद आया कि पेट का दर्द सबसे बड़ा दर्द है। सारी नैतिकता और सारे मूल्य इस पेट के बल के ऊपर रहते हैं। सभ्यताएं और संस्कृतियां बनती हैं और बिगड़ जाती हैं लेकिन भूख अपनी जगह अखंड बनी रहती है। उसने कहा—हीरा, तुम भी भूखे हो। अनोखी, तू भी भूखी है। बिलासी, तुझे भी भूख लग रही है। बांके भी भूखा है। मैं भी भूखा हूं। आज सारी दुनिया भूखी है। मुझे ऐसा लग रहा है कि आसमान के तारे भी भूखे हैं और धरती भी भूखी है। हीरा, एक बात पूछता हूं तुमसे, कोई जानता हो तो बताए—परमात्मा को

भूख लग रही है या नहीं? लेकिन मैं इतना कह सकता हूं कि उसे भूख नहीं लगती; क्योंकि उसे भूख लगती तो वह भूख का दर्द भी जानता। जो भूख का दर्द जानता है वह दूसरे को भूखा नहीं रख सकता, क्योंकि इसमें उसे फायदा नहीं है। उसे क्या फायदा था कि वह हमें बनाता और हमें भूखा रखता? क्या हम यह कहें कि वह एक अत्याचारी है? यदि हम यह कहें कि वह हमारी परीक्षा ले रहा है, तो किसलिए? परीक्षा लेने से पहले हमें बताए हमारे गुनाह और गलतियां। यह कोई वजह नहीं कि पहले जन्म मं कोई गुनाह किया था और उसका नतीजा इस जन्म में भुगतना पड़ेगा। यह कोई न्याय की बात नहीं है। यह तो मेमने और भेड़ियेवाली बात है कि तेरे बापू ने मेरा पानी गन्दा कर दिया था इसलिए मैं तुझे खाऊंगा। तो समाज में इन्साफ कहां से आए! इन्साफ की बुनियाद तब पड़े जब उसे हम कानून समझें। जिस बल पर दुनिया चल रही है जब हम उसे नहीं जानते, तब हम अपने मनगढ़ंत कानून बनाते हैं। कानून अक्लमन्द बनाते हैं और जिसके पास अक्ल है वह पहले अपने सुभीते देखता है। उसके सुभीतों के लिए जो कानून बनाए जाते हैं, वे यह परवाह नहीं करते कि दूसरों के साथ क्या होता है। तुम सब भूखे हो। ज़िन्दगी में आज पहली बार भूखे हो या पहले भी इस तरह भूखे थे?

हीरा का कठोर हास्य फिर गूंज उठा। उसने कहा—बाबूजी, यह पूछो कि कितने दिन अच्छी तरह खाना खाया। हां, वह दिन हमें याद है; एक बार तो तब खाया था जब यहां से हमारी जमात अजमेरो दरवाज़े पर गई थी। वहां किसी ने बहुत बड़ी दावत दी थी। उस दावत में सबको खिलाया गया था। भगवान उसका भला करे। अब वैसी दावतें ही नहीं होतीं। अब बड़े आदमियों में भी उतना धरम नहीं रहा। पहले बड़े आदमी गरीबों को खिलाते थे और नाम कमाते थे। अब बड़े आदमियों की दावतें बड़े होटलों में होती हैं जहां हमें घुसने भी नहीं दिया जाता और वे आपस में मिल-बांटकर खा लेते हैं। हम लोगों को नहीं देते।

प्रोफेसर की आंखों में जैसे एक चमक-सी भर गई। उन्होंने कहा—मैं तुम्हें ले चलूंगा, हीरा। तुम सब मेरे साथ चलो। मैं तुम्हें खिलाऊंगा।

बात अभी पूरी नहीं हुई थी कि भीड़ में कोलाहल होने लगा—कहां चलें हम लोग? कहां चलें हम लोग?

प्रोफेसर उठ खड़े हुए और उन्होंने फिर खड़े होकर सिगरेट सुलगाई और

कहा—मेरे साथ चलो। आज हम सब लोग खाना खाएंगे। आज तक मैं अकेला खाना खाया करता था। मैं यह भूल गया था कि इन्सान साथ खाए तो बात दूसरी है। और अकेला तो जानवर भी खाता है। मैं अकेला एक जानवर की तरह खाया करता था। मेरी बेटी मुझसे कहा करती थी कि पिताजी, आप कम से कम खाने के लिए तो वक्त निकाल लिया कीजिए। और मुझे क्या मालूम था कि भूख इतनी बड़ी चीज होती है कि बहुत से आदमियों को रोज खाना नहीं मिलता है। बड़ा मुश्किल होता होगा? हो, बहुत मुश्किल होता है।—और हठात् उन्होंने स्वर बदलकर कहा—आज उस पाप का प्रायश्चित करूंगा। तुम लोग मेरे साथ चलो।

उस समय ऐसा मालूम दिया जैसे छोटे-छोटे बहुत-से जानवर एक बड़े जानवर के इर्द-गिर्द इकट्ठे हो गए हैं जो उन्हें यह वचन दे रहा था कि वह पेट-भर खाना देगा। खाना, और वह भी पेट-भर! उन्हें ऐसा लगा जैसे वे एक स्वप्न-लोक में आ गए थे! ऐसा उन्होंने जीवन में कभी नहीं देखा था। वे हर्ष से कोलाहल करने लगे और प्रोफेसर आगे-आगे बढ़ चले।

11

फिर वह गुहा, बुझी हुई बत्ती, एकान्त में बैठा हुआ नरेश। हृदय कुछ टूटता हुआ। आज भी फिर लड़कियां बैठी हैं। आज भी फिर नौजवान बैठे हैं और आज उसके सामने सब कुछ बदल गया है। आज उसे ऐसा लग रहा है जैसे वहां एक अंग्रेजियत का ढोंग चल रहा है। अमेरिका की चाल की नकल करने की कोशिश की जा रही है। हिन्दुस्तान के लोग इस तरह जोश भरकर नहीं चलते, इस तरह कमर खाली करके नहीं खाते, इस तरह झटके से गम्भीरता से बात नहीं करते और उनके होठों पर ऐसी नकली मुस्कराहट नहीं नाचती। यहां जैसे आदमी सरल बनने की चेष्टा करता हुआ अपने को एक घोंघे में बन्द कर लेने की कोशिश भी करता है। इसे वह अपना व्यक्तिवाद कहता है और यहां औरतें कठिन परिश्रम करनेवाली नहीं हैं। यहां वे पुरुष पर एक बोझा वनकर पड़ी रहनेवाली लताएं हैं। वे लताएं नहीं जो पेड़ के सहारे से खड़ी होकर फूल देती हैं, बल्कि वे लताएं हैं, जो अमरबेल की तरह उस पेड़ पर पड़ी रहती हैं,

और जिनकी जड़ें धरती में नहीं हैं, जो उसी पेड़ को खाए जाती हैं, उसी में से रस लेती हैं, फलती-फूलती हैं। और फिर वे अपने को आजाद कहने का ढोंग करती हैं। नरेश का मन तिक्त हो उठा। अब उसके मन में यह प्रश्न उठा कि यह आजादी कैसी आजादी है। फिर बगल की मेज़ पर से किसी का फुसफुसाता स्वर उठा—गवर्नमेंट क्या कर सकती है! मैंने चीफ सेक्रेट्री को रिश्वत दी है, उसका मुंह बन्द है। नेताओं को खिला दिया है। बस, इलाके का कलेक्टर है। अगर ज्यादा ईमानदारी की धौंस दिखाएगा तो उसका तबादला करवा दूंगा।—दूसरा स्वर आता है—जस्टिस माथुर के पास खबर पहुंचवा दी है, अब चिन्ता मत करो। वैसे सुना है कि जरा सफेद हाथी है।—और फिर कहनेवाला कुछ रुककर कहता है—आपका क्या ख्याल है। अंग्रेजी राज में लोग इतने गिरे हुए नहीं थे।

और नरेश सोचता है, जब हम गुलाम थे तब अच्छे थे। जब हम आजाद हैं तब हम और भी ज्यादा खराब हो गए हैं। क्यों, क्या आजादी के लिए लड़नेवाले अपनी विरासत में नैतिक पतन भी अपने साथ लाए हैं? और अब उसे ध्यान आया कि अंग्रेजी जमाने के गुलाम आज ऊंची गद्दियों पर बैठे हुए हैं। किसलिए? इसलिए कि वे अंग्रेजी जानते हैं। इसलिए कि अधिकार ने उन लोगों को पागल कर दिया है, जिनके हाथ में सत्ता आ गई है। उनके हाथ में इतनी ताकत है कि वे लोग सच को झूठ बना सकते हैं। सफेद को काला करके दिखा सकते हैं। घृणा से उसका मन भर गया। उसे अंधेरा बुरा लगने लगा। अपने सामने लटकती हुई कंदील की रोशनी को उसने जला दिया। उसे लगने लगा कि यह भी एक धोखा है कि हम खुशनुमा गुफा बनाने के लिए बिजली की जलती हुई रोशनी को बुझाकर बैठते हैं। वहशियत की गोद के अन्दर हम सभ्य बनकर यह सोचना चाहते हैं कि हम जंगली हैं। तो क्या इतनी दौड़, इतनी सब सभ्यता की दौड़, इतनी सब संस्कृति की दौड़, दौड़ वह जो सिर्फ दौड़ है, दौड़ जिसका कोई मतलब नहीं है, दौड़ जो एक हाहाकार है, दौड़ जो विज्ञान की निशानी है, यह सब क्या है? कोने की एक मेज़ पर एक बॉब-हेयर युवती बैठी है। अकस्मात् ही नरेश के मन में आता है उसको देखूँ। दूसरों को देखने के लिए आवश्यक है कि वे उजाले में हों और हम अंधेरे में रहे, क्योंकि जिन्दगी की यह एक मजबूरी है कि जो खुद उजाले में है वह दूसरों को देख नहीं पाता। नरेश के हाथ मशीन की तरह बढ़ते हैं और कंदील को बुझा देते हैं। फिर जैसे

वह वहां होते हुए भी नहीं है जैसे वह एक द्रष्टा है, जैसे वह सबके बीच में होते हुए भी सबको देख रहा है और सब उसे नहीं देख रहे हैं। उसके लिए जैसे चारों ओर नीरवता छा गई है। अब वह उस युवती को देख सकता है। वह बिना आस्तीन की एक चोली पहने है। वह सामने से इतनी खुली है कि उसके उतार-चढ़ाव दिखाई दे रहे हैं। उसकी पीठ भी शायद काफी खुली है, उसका पेट भी खुला है। उसने जैसे कोई रहस्य बांधकर रखा हो, जिसका वह आभास भी देती चलती है। और नरेश को विचार आता है, साड़ी पहननेवाली यह मध्यवर्गीय नारी अपनी भारतीयता में साड़ी भी पहनती है, पर उसकी साड़ी भी उसकी देह को पूरी तरह से ढक नहीं पाती। इतना नंगापन किसलिए रखा जाता है? लेकिन यूरोप की नारी और अमेरिका की नारी इनसे कहीं अधिक खुली रहती है। क्या यही आधुनिकता है? इससे भी अधिक खुली रहती है अफ्रीका को हब्शिन। लेकिन वह बर्बरता है। वह आदिम सभ्यता है। नरेश को विचार आया, इसका अर्थ है कि सभ्यता आज वह है जिसमें आदिम बर्बरता को इस तरह से ढककर उभार दिया जाय कि देखा हुआ अनदेखा बनकर एक कौतूहल बन जाए और जिसको देखने के लिए आदमी की वासना झंकारने लगे। मन में जाने कहां से किसी ने कहा, ऐसे कपड़े आधुनिकता के प्रतीक कैसे हैं। गांव की औरतें ऐसी हैं जो चोलियां पहनती हैं, लेकिन फिर भी वे नहीं समझतीं कि उनका उद्देश्य क्या है। गांव की औरत स्त्री है, उसे स्त्रीत्व की सुषमा का ज्ञान नहीं। उसे स्त्रीत्व का, उस देह की मांसलता की आवश्यकताओं का ज्ञान नहीं और यह आधुनिका, इसे देह की मांसलता का ज्ञान तो नहीं है, लेकिन उससे भी बड़ा ज्ञान है उसे इस मांसलता को बनाए रखने का। मानो यह उसकी ज़िन्दगी का मोल है, जो उसे चुकाना है। उसने कॉफी पीकर प्याली सरका दी। और वह बैठा रहना चाहे तो बैठा रह सकता है। लेकिन वह क्यों बैठा रहना चाहता है? उसने निर्मला की कल्पना की थी। निर्मला अब नहीं रही। तो क्या उसे सारे जीवन ऐसे ही रहना पड़ेगा? निर्मला में कुछ था या वह आधुनिका होकर भी मानवी थी। पर अब क्या उसे फिर ऐसी स्त्री मिल सकेगी? फिर ध्यान आया, अभी तो उसे मरे एक हफ्ता भी नहीं हुआ। यह विचार उसे क्यों आ रहे हैं कि उसे रिक्ति की पूर्ति करनी होगी। और तब उसे लगा वह बड़ा निरीह था। वह इंसान नहीं था, इंसान का टुकड़ा था। उसकी सत्ता इसलिए थी कि वह उससे छूट नहीं पा रहा था। इसलिए वह अपने लिए एक और

सहारा चाहता था। सेक्स, एक विष की-सी झुलस है। जी करने लगा वह बाहर निकल जाए। लेकिन बाहर जाकर भी क्या होगा। अच्छी है यह गुफा, इसमें वह जंगली की तरह बैठा है, लेकिन उसे एक खामोशी मिल रही है। पुराना जंगली अपने भुजबल से उस गुफा में रहता था और नरेश भी उसमें बैठा है क्योंकि उसके पास भी एक भुजबल है, लेकिन वह बल भुजाओं का नहीं जेब का बल है, यानी जेब में रुपया-पैसा है। फिर वही पैसा। जीवन के सारे मूल्यों का केन्द्र पैसा! व्यक्तित्व के खंडन और मंडन का मूल पैसा। और संघर्षों से पलायन और विद्रोह का मूल पैसा समर्पण और अहंकार की जड़ पैसा। पैसा, जो खुली आंखों को मीचने की सामर्थ्य रखता है, जो बन्द आंखोंवाले के हाथ फैलवा देने की सामर्थ्य रखता है। नरेश का मन झनझना उठा। बाहर आ गया। अभी वह कुछ ही दूर चला था कि सिनेमा के सामने एक अधनंगी तस्वीर के सामने कुछ लोगों को उसने खड़े हुए देखा। वे सर्वोदयवादी थे जो अश्लीलता का बहिष्कार करने के लिए निकले थे। कितनी बड़ी समस्या उन्होंने ले ली थी अपने हाथ में! पढ़े-लिखे लोग जिनके पास समृद्धि थी, अब भी अपनी ही गति से मोटरों से आते, मोटरों से चले जाते। वे जैसे इन आन्दोलनों से विचलित नहीं होते क्योंकि उनकी जगह सुरक्षित है। वे अंग्रेजी राज में भी काम आते हैं। वे कांग्रेसी राज में भी काम आते हैं। वे कल के सर्वोदयी राज में भी काम आएंगे। वे हमेशा-हमेशा अपना महत्त्व बनाए रखते हैं। वे नगर के केन्द्र हैं। उनके चारों ओर जो 'सबर्ब' की तरह फैले हुए हैं, उनमें अधपेट खाए लोग या तो गीता का उपदेश देते हैं या मजदूरों को भड़काने की चेष्टा करते हैं। अधपेट खाए लोग, जो भूखे की तरह चिंतन को नहीं छोड़ बैठते, जो भरपेट खाए लोगो की तरह मस्त नहीं हो जाते, जिनको इतना खाना मिलता है कि वे सोच भी सकें, जिनके दिमाग में एक बेचैनी-सी भी बनी रहे, जिसका अहंकार इतना पल सके कि दूसरों को विक्षुब्ध कर देने में समर्थ हो जाएं। वे अधपेट खाए वे हैं जो जीवन को व्याकुल कर रहे हैं। कर रहे हैं क्योंकि उनको अहम्मन्यता को कहीं सरसता चाहिए और उसको आश्चर्य हुआ यह देखकर कि इन सर्वोदयवादियों में एक ऐसा व्यक्ति खड़ा था जिसको उसने कहीं देखा था। कौन था वह खद्दर पहने? हठात् उसे याद आया बिलासी कल तक का भिखमंगा, अश्लीलता का पुतला, गंदा कुत्ता, आज नेता बना है। उसने देखा कि बिलासी वहां से हटकर आया और उसने बीड़ी सुलगाई। जल्दी-जल्दी चार-पांच कश

लगाए और फिर भीड़ में जा मिला। उसने देखा सर्वोदय, सबका उदय। सड़क का एक कीड़ा, इसको किसने इंसान बनाया? लेकिन क्या सचमुच यह इंसान बन गया है या अच्छी वर्दी पहनकर किसी दूसरे के अहंकार को तृप्त करने के लिए जिस तरह सेना का सिपाही कटवा दिया जाता है उसी तरह यह भी तो खड़ा नहीं किया गया है? क्या इसकी बुद्धि को नष्ट नहीं कर दिया गया है? क्या इसके मूलभूत गुंडेपन पर एक विनम्रता का आवरण एक ढोंग बनकर नहीं चढ़ जाएगा? लेकिन फिर विचार आया, सब भिखमंगे और गन्दे बनकर ही रहने के लिए हैं। सर्वोदयवादी चिल्लाते रहे। सिनेमा के मैनेजर ने पुलिस को बुला लिया था। सर्वोदयवादी लौट गए थे। नरेश इस नाटक को समझ नहीं पाया। सर्वोदयवादी जैसे राज के विरोधी हैं। वह राज ही तो इन नंगी तस्वीरों को लगवाता है। सर्वोदयवादियों का झगड़ा राज से क्यों नहीं है? इन तस्वीरों से क्यों है? सर्वोदयवादी हथियार उठाकर चलनेवाली पल्टनों के सामने क्यों नहीं धरना देते? उसने पास जाकर देखा, जिसको वह बिलासी समझे हुए था वह बिलासी नहीं था, वह तो कोई दूसरा व्यक्ति था। कौन था यह? वह समझ नहीं पाया, लेकिन उसके मन को एक संतोष हुआ कि यह व्यक्ति ऐसा नहीं है जैसी उसने कल्पना की थी। उसके जीवन का भी कोई अपना उद्देश्य है। वह अपनी गाड़ी की ओर बढ़ चला।

लेकिन इस समय माधो के लिए मुसीबत हो गई थी। उसने महाराज से कहा—महाराज, मालिक अभी तक नहीं आए। महाराज ने अपनी उज्ज्वल आंखों से देखा और सिर नीचा कर लिया। सच्चाई यह थी कि उसके हृदय में इतनी वेदना थी ही नहीं जितनी उसे प्रकट करनी पड़ रही थी। छः महीने पहले उसकी यहां नौकरी लगी थी। माधो की तरह पुराना नौकर नहीं था, लेकिन वह जानता था कि यदि वह इस समय अफसोस नहीं दिखाएगा तो बुरा समझा जाएगा। उसकी भूख अभी कम नहीं हुई थी। अब भी उतना ही खाता था। अब भी बिना घी में बूरा मिलाए उसके गले के नीचे रोटी नहीं उतरती थी। वह जानता था कि माधो यह भी कह चुका था कि यह रसोई का ब्राह्मण अगले जन्म में कुत्ता बनता है, और कुत्ता भी कसाई का, और इस जन्म के कर्मों के लिए, इस जन्म की चोरियों के लिए उसे अगले जन्म में हड्डियां चिचोड़नी पड़ती हैं। पी गया था क्योंकि उसके पास और कोई चारा नहीं था। लेकिन माधो को उस समय नहीं मालूम था कि एक भीड़ चली आ रही थी। उस भीड़ का

अगुवा उसका मालिक प्रोफेसर ही था।

जिस समय प्रोफेसर भीड़ को लेकर 'कार्लटन' के द्वार पर पहुंचा, अड़ोस-पड़ोस में कोलाहल मच गया। गंदे, काले, मैले-कुचैले। किसी के पांव का घाव दीख रहा है, किसी की दाढ़ी बढ़ी हुई है, किसी के सिर के बाल बढ़ रहे हैं, कोई लम्बा चोगा पहने है, किसी औरत के चिथड़े उसके शरीर को ढकने में असमर्थ हैं, किसी बच्चे की नाक बह रही है, किसी की आंखें आ रही हैं, किसी के नंगे पांव पर मैल की पर्तें जम रही हैं, शरीर में धूल लगी है, कोई खांस रहा है और वहीं खखारकर थूक रहा है। ऐसे भिखमंगों की भीड़ इस समय कार्लटन के दरवाज़े पर खड़ी है। प्रोफेसर ने खखारकर कहा—आओ मेरे साथ, मैं तुम्हें खाना दूंगा।—बैरे भागकर मैनेजर के पास गए। मैनेजर घबरा गया। उसकी आंखों में करुणा झलक आई। वह प्रोफेसर को जानता था। उसने बाहर आकर कहा—प्रोफेसर साहब, मैं तबाह हो जाऊंगा। मेरे होटल से लोग चले जाएंगे, यह आप क्या कर रहे हैं? इनको किसी ढाबे में ले जाइए, ये लोग चलते वक्त मेरे गुलदस्ते उठा ले जाएंगे। उनके खाए हुए बर्तनों को नौकर नहीं धोएंगे। मैं मानता हूं कि यह डिमॉक्रेसी का जमाना है और इंसान इंसान सब बराबर हैं। लेकिन सच्चाई यह है कि इंसान इंसान बराबर नहीं है। जो बीमारियां इन लोगों में भरी हैं उनको हम लोग नहीं झेल सकते। इन लोगों को आदत पड़ गई है। प्रोफेसर साहब, मुझपर रहम कीजिए। आपकी लड़की मर चुकी है, लेकिन मेरे बच्चे अभी जिन्दा हैं।—प्रोफेसर ने कहा—हां, तुम्हारे बच्चे अभी जिन्दा हैं, और मेरी लड़की अब मर चुकी है। मतलब है कि जिसके बच्चे जिन्दा हैं वह सच्चाई नहीं देख सकता—सच्चाई नहीं देख सकता, क्योंकि सच्चाई से रहकर वह अपनी जिम्मेदारियां पूरी नहीं कर सकता। क्यों ठीक कहता हूं?

"आप बिलकुल ठीक कहते हैं!" मैनेजर ने व्याकुल स्वर से कहा—लेकिन आप सोचिए, अन्दर शरीफ आदमी बैठे हुए हैं, शरीफ औरतें बैठी हुई हैं।

प्रोफेसर ने भारी स्वर में उत्तर दिया—किसको शरीफ कहते हो तुम? अन्दर चोर और उचक्के बैठे हुए हैं। वे बैठे हैं, जिन्होंने इन लोगों को ऐसा बना दिया है। तुम्हारे यहां वकील आते हैं, जो झूठ बोलकर औरों की जेब का पैसा निकालते हैं। तुम्हारे यहां जज आते हैं, जो रिश्वत लेकर फैसला लिखते हैं। तुम्हारे यहां इंजीनियर आते हैं, जिनकी रिश्वत की चौथाइयां बंधी रहती हैं। तुम्हारे यहां अफसर बैठते हैं, जिनकी रीढ़ की हड्डी तक बदगुमानी और रिश्वत से भरी

हुई है। तुम्हारे यहां नेता बैठते हैं, जो झूठे परमिट बनवाते हैं। तुम्हारे यहां डाक्टर आते हैं, जो मुर्दों के ऊपर से फीस ले जाते हैं! किसको कहते हो तुम शरीफ आदमी? वे शरीफ आदमी हैं जो सफेद कपड़े पहनते हैं? या ये गन्दे, मैले-कुचैले लोग जो गालियां बकते हैं, जिनके पास खड़े होने को बेजा समझा जाता है, जिन्हें तमीज़ से बात नहीं करना आता और जो कुत्तों से भी गए-बीते हैं? मैं यह नहीं कहता कि ये बहुत अच्छे हैं। मैं यह भी नहीं कहता कि उन हालात में पहुंचकर ये भी भले ही बने रहेंगे। मैं यह भी जानता हूं कि ये सुस्त हैं। इनके लिए भिखारी का चोला इनकी तिजारत का चोला है, क्योंकि दूसरी जगह इनको मेहनत करनी पड़ती है। और ये बिना मेहनत की रोटी चाहते हैं। हर तिजारत में एक खतरा उठाना पड़ता है। थोड़ा खतरा ये भी उठाते हैं। जिस तरह मालगोदाम में बैठा रहनेवाला आदमी मुनीमी करता है और आदत डाल लेता है कि दिन-रात मालगोदाम में बैठा रहे, जिस तरह डाक्टर को आदत पड़ जाती है कि दिन-रात दवाइयों की बदबू सूंघता रहे, जिस तरह वकील को आदत पड़ जाती है कि वह दिन-रात झूठ में पलता रहे, उसी तरह इन लोगों ने भी आदत डाल ली है कि काहिली और सुस्ती के कारण ये लोग काम नहीं करते। परन्तु मैं यह नहीं भूला हूं, मैनेजर, मैंने दुनिया देखी है। मैं इस दुनिया में रहकर इससे ऊब गया था, इसलिए मैंने इसको छोड़ दिया था। मैं जानता हूं कि सरकार ने इन भिखमंगों के लिए शेल्टर-हाउस बनाए हैं। मैं यह भी जानता हूं कि ये लोग वहां नहीं रहते हैं और वहां से भाग आते हैं। एक बार का किस्सा मैं तुम्हें सुनाता हूं। तैमूरलंग के जमाने में एक विद्वान ने क्या कहा—अय शहनशाह, तू दुनिया जीतता है, लेकिन जिस फौज के बल पर तू दुनिया को जीतता है, तू अपने दुश्मनों को मिटाता है, कभी तूने यह भी सोचा कि उस फौज के लोग जब घायल हो जाते हैं, जब उनके हाथ-पांव कट जाते हैं और तू उन्हें फौज से निकाल देता है, तब वे बाकी जिन्दगी दूसरों के रहम पर, दूसरों के सामने हाथ पसार-पसारकर गुजारते हैं? तू क्यों नहीं उनकी कुछ मदद करता?—तैमूरलंग ने सुना और कहा—ऐ दानिशमंद, मैं उनके लिए क्या कर सकता हूं?—तब उस अक्लमंद आदमी ने कहा—तू उनका इन्तजाम मुझपर छोड़। उनको भीख मांगने से रोक दे। मैं उनके लिए एक ऐसी जगह बनवाऊंगा जहां वे कुछ छोटे-मोटे काम कर सकें और आबरू से अपनी जिन्दगी गुजार सकें।—तैमूरलंग ने कहा—ऐसा ही हो।—लेकिन मैनेजर साहब, आप जानते हैं, उसका नतीजा क्या

निकला? जब वहां उन सिपाहियों को काम करना पड़ा, तब उन्होंने तैमूरलंग के पास जाकर पुकार की और कहा—ओ शहनशाह, तेरी हुकूमत में पहले आराम था, किन्तु अब तकलीफ हो रही है। हमने तेरी ख़िदमत में अपनी ज़िन्दगी लगा दी थी और तूने ही हमको देह से लाचार कर दिया। तब हम अल्लाह की मेहर और करम को जगाते हुए लोगों के नेक दिलों में रहम उपजाते थे और हमें दो जून रोटियां मिल जाती थीं। लेकिन इस आदमी को तूने हुकूमत दे दी है। यह लोगों को शरीअत के खिलाफ भड़काता है और कहता है कि गरीबों को कुछ मत दो। वे दान करना चाहते हैं और यह उनको रोक देता है। यह अल्लाह के रास्ते में रोड़ा अटकाता है। इसको तो हमें दे दे ताकि हम इसकी बोटी-बोटी काट दें।—और तैमूरलंग ने मुस्कराकर कहा—मैं इस अक्लमन्द आदमी को तुम्हें देता हूं क्योंकि यह सबसे बड़ा बेवकूफ है जो दुनिया को अच्छा बनाने की कोशिश करता है। यह अपने को रहमदिल बनाता है, लेकिन यह ढोंगी है क्योंकि यह अल्लाह के रास्ते में अड़ंगा डालता है...और मैनेजर साहब, उस वक्त उस आदमी को बुलाया गया तो उसने चिल्ला-चिल्लाकर यह कहा—ये सिपाही, ये लोग दुनिया के सबसे बड़े कमीने आदमी हैं! मैंने इन लोगों का भला किया और इन लोगों ने मेरी मुखालफत की। ये कुत्ते इसी लायक हैं कि इनको दो जून भूख पर रखा जाए और जूठन पर पाला जाए, क्योंकि ये हरामखोर हैं! इनको भीख मांगने की आदत पड़ गई है और ये अपनी आबरू खो चुके हैं।

प्रोफेसर के होंठ कुछ टेढ़े हो गए। आंखों में एक विचित्र प्रकार की सुलगन-सी भर गई। उसके पीछे खड़े बूढ़े ने कहा—बाबूजी, क्या हम लोग सचमुच कुत्ते हैं!—बिलासी, अनोखी और सब लोगों में कोलाहल मच गया। आवाजें उठने लगीं—किसी के बाप का दिया नहीं खाते! बाबूजी झूठ बोलते हैं!

"खामोश!" प्रोफेसर ने हाथ उठाकर पुकारा—देखते हो, तुम्हारे लिए यह दरवाजा बन्द है। यह शीशे का दरवाजा तुम्हारे लिए बन्द है। तुम पत्थर से इसे तोड़ सकते हो, लेकिन फिर भी इसके अन्दर नहीं घुस सकते, क्योंकि तुम्हारे लिए इस चौखटे के बीच में जो हवा होगी वह भी फौलाद बन जाएगी, और तुम उसे पार नहीं कर पाओगे।

मैनेजर ने हाथ जोड़ दिए। इस समय अन्दर से लोग बाहर निकल आए थे। एक गम्भीर व्यक्ति ने कहा—मैनेजर, यह क्या शोरगुल हो रहा है? पुलिस को बुलवाइए जी!

प्रोफेसर ने कहा—पुलिस की जरूरत नहीं है। जाने कब से यही होता रहा है। पुलिस इनको निकाल सकती है लेकिन इनकी गरीबी को दूर नहीं कर सकती।

किसी व्यक्ति ने पीछे से आवाज लगाई—अरे, एम. एल. ए. के लिए खड़ा होनेवाला लगता है। स्टंट है स्टंट!

एक और आवाज सुनाई दी—गांधीजी जैसे मर गए, पर इन लोगों को तो जहां देखा था वहीं अब देख रहे हैं! प्रोफेसर ने मुड़कर कहा—चलो भाइयो, राजधानी में जितने भिखारी हैं वे सब मेरे घर आ जाएं। जब तक मेरे पास पैसा है तब तक वे मेरे पास रहें और मैं समझता हूं कि हर इंसान के हाथ अगर उठने लगें और काम करने लगें तो जरूर दुनिया बदल जाएगी।

अब वही भीड़ चली आ रही थी। जिस समय उसने फाटक में प्रवेश किया माधो घबरा गया। उसने कहा—महाराज, आज तो फसाद हो गया मालूम देता है। लुच्चे-लुंगाड़ों की भीड़ कहां से आ रही है? मैं अभी पुलिस को फोन करके बुलाता हूं।—लेकिन उजाले में आगे-आगे प्रोफेसर दीख रहे थे। महाराज ने कुछ नहीं कहा, केवल उस ओर उंगली उठा दी। माधो के मुंह से आश्चर्य से निकाला—मालिक!

12

उस विशाल बंगले में भिखमंगों की भीड़ जैसे भर गई। माधो ने कहा—मालिक, यह क्या है?

प्रोफेसर ने पीछे के लॉन पर बैठते हुए कहा—बैठ जाओ सब लोग! बैठ जाओ! सब लोग मकान के बाहर आ जाओ, बैठ जाओ।—और फिर मुड़कर कहा—माधो, कुछ खाने का इन्तजाम करना होगा। माधो ने एक बार नजर दौड़ाई और कहा—मालिक, इन सब पचास-साठ आदमियों का खाना में कहाँ से लाऊंगा।

"ठीक कहते हो, माधो," प्रोफेसर ने कहा—थोड़े-से आदमियों के खाने का इन्तजाम करना आसान होता है, लेकिन आज मुसीबत है। बहुत से आदमियों के खाने का इन्तजाम करना है—और इन लोगों के लिए, जो खुद काम नहीं करना चाहते, क्योंकि इनके पीछे यह बहुत पुरानी परम्परा है। धर्म की, दर्शन

की गरिमा की, संस्कारों की। तुम समझते हो ना! इनसे हम कब तक कहते रहेंगे कि इनके खाने का इन्तज़ाम अगले पांच बरस में होगा।

माधो ने निराशा से सिर हिलाया और कहा—मालिक, बिटिया मर गई है और आपका दिमाग खराब हो गया है। मैं नहीं समझ पाता कि मैं क्या करूं!—"तुम," प्रोफेसर ने कहा— चिन्ता मत करो। कुछ तो करना ही है। खाना ही बनाओ। मैं अभी आता हूं।

माधो ने कहा—आप क्या कह रहे हैं! आप् खाना बनाएंगे इन लोगों के लिए।

"हां," प्रोफेसर ने कहा—आज हम भी खाना बनाएंगे। माधो, इतने दिन से ये लोग सड़क पर पड़े रहते थे।

अनोखी ने कहा—ओ भगवान, तेरा भला हो!

बूढ़े ने कहा—ओ दरियादिल, ओ नेकदिल, तू भगवान का भेजा हुआ है।—लेकिन बिलासी ने कुछ नहीं कहा, बांके खामोश रहा।

माधो ने कहा—लेकिन मैं इतने बर्तन कहां से लाऊं इन लोगों के खाने के लिए। इतना तो घर में खाने का सामान भी नहीं है।

प्रोफेसर ने कहा—तो फिर इधर आओ। इनमें से आदमियों को ले जाओ अपने साथ, बाजार चले जाओ। पूड़ी-साग खरीद लाओ। आज हम लोग मिलकर खाएंगे। तुम खाओगे माधो। महाराज खाएगा ना।

महाराज ने कहा—नहीं मालिक, मैं जात-कुजात के साथ नहीं खाऊंगा। मैंने ब्राह्मण के घर जन्म लिया है। मैं गरीब जरूर हूं, लेकिन मैंने धर्म नहीं छोड़ा है। जिनके पास धन है, जो समर्थ हैं और अंग्रेजी पढ़े हैं, उनपर जात और धर्म का बस नहीं चलता, लेकिन गरीब आदमी इन दोनों से बच नहीं सकता, क्योंकि उसे बिरादरी में रहना पड़ता है। बुरा न मानें मालिक, आप लोग सब कुछ कर सकते हैं, लेकिन हम तो नहीं कर सकते। आपकी लीला है, हमारे लिए दंड है।

प्रोफेसर बड़ी जोर से हंसे और कहा—महाराज ठीक कहता है, महाराज ठीक कहता है। अच्छा, महाराज को छोड़ दो।

"मालिक, मुझे छुट्टी दे दो।" महाराज ने फिर कहा।

प्रोफेसर ने हंसकर कहा—छुट्टी, मैंने तुम्हें बांध कहां रखा है महाराज! जाओ।

"माधो, तुम भी जाना चाहते हो क्या?" लेकिन यह कहते हुए उनकी आंखों में एक विचित्र प्रकार की तरलता आ गई।

माधो ने कहा—मालिक, मैं कहां जाऊंगा। अभी मेरी बिटिया का कर्म नहीं हुआ, अभी उसकी आत्मा भूखी भटक रही होगी—प्यासी। जब बारह वामन हो जाएंगे तब मैं सोचूंगा कि जाऊं या रहूं। मैं कहता हूं कि तब मैं और आप, हम दोनों चलें, गंगा किनारे एक कुटिया बनाकर अपना बुढ़ापा बिता दें। मैं आपकी सेवा किया करूंगा, आप कथा- भागवत पढ़ना। मैं आपके चरणों पर बैठा-बैठा सुना करूंगा। पर यह सब ठीक नहीं है। आपको इन्हें देना है तो द्वार पर बिठाकर दान दें। धन दान दें धान्य दान दें। पर यह क्या कि भीतर घुसा लिया। बड़ी मुश्किल से मैंने इनको अन्दर से निकाला था। कोई किसी चीज़ पर झपट रहा था, कोई किसी चीज़ पर हाथ मार रहा था।

"अच्छा," प्रोफेसर ने कहा—मैं तुम्हारी बात भी सुनूंगा। तुम भी शायद ठीक कहते हो। निर्मला की याद आ जाने से प्रोफेसर का मन जैसे फिर व्याकुल हो उठा था। इस हलचल में वे क्षण-भर के लिए सब कुछ भूल चुके थे, और अब फिर वही याद आ गई।

माधो उन सबको लेकर फाटक के बाहर बिठा आया। उसने बिलासी, बांके और तीन अन्य युवकों को अपने साथ ले लिया और खाना लाने के लिए बाजार की ओर चल पड़ा, और भिखारी लोग आराम से लेट गए। कुछ गीत गा रहे थे, कुछ बातचीत कर रहे थे। प्रोफेसर भीतर आ गए। भीतर के कमरे की बत्ती जल रही थी, निर्मला के कमरे में। उन्हें अजीब-सा लगा। ऐसा लगा कि निर्मला मरी नहीं थी। बैठकर उनकी प्रतीक्षा कर रही थी। प्रोफेसर दबे पांव आगे बढ़े और उन्होंने भारी पर्दा उठाया। उन्होंने देखा, एक गंदे बच्चे को अपनी गोद में लिए, एक सात-आठ साल की लंगड़ी लड़की खड़ी हुई सामने के रैक पर रखी निर्मला की बड़ी फोटो को एकटक देख रही थी। प्रोफेसर ने उसकी तन्मयता को देखा और चुपचाप खड़े हो गए। लड़की देखती रही, देखती रही और फिर उसने आंखों में आंसू भरकर कहा—मां! —प्रोफेसर को जैसे बिजली छू गई। उन्होंने पुकारा—बेटी! लड़की पर जैसे वज्र गिर पड़ा। उसके हाथ से बच्चा नीचे छूट गया, जो नीचे फर्श पर गिरकर चिल्लाने लगा, रोने लगा। और लड़की ऐसी खड़ी रह गई जैसे वह जड़ीभूत हो गई थी। प्रोफेसर उसे घूरते रहे। लड़की की आंखों में से आंसू गिरने लगे थे। प्रकाश में वह ऐसी सहमी हुई-सी

दिखाई देती थी जैसे उसने कोई घोर अपराध कर दिया था और वह उसको दोहराना नहीं चाहती थी। प्रोफेसर ने कहा—बेटी, रोती क्यों है? लड़की की हिचकियां बंध गईं। नीचे पड़ा बच्चा अब भी रो रहा था। भिखारी बाहर लेटे हुए थे। महाराज चला गया था। माधो घर पर था नहीं, इसलिए प्रोफेसर के कामों में बाधा डालनेवाला कोई नहीं था। वे आगे बढ़े और उन्होंने उस गंदी लड़की के जूं-भरे सिर पर हाथ फेरा और कहा—रो नहीं बेटी! मुझे बता, क्या बात है। तूने अभी इस तस्वीर को देखकर मां कहा। तू इसे जानती है?—लड़की टुकुर-टुकुर देखने लगी। जैसे भय के कारण उसका जबड़ा बंद हो गया था।

प्रोफेसर ने कहा—डरती क्यों है, मैं तो यहां हूं। मेरे रहते तुझे डर किसका? तुझे कोई कुछ नहीं कहेगा। मुझे बता, क्या है?—लड़की फूट-फूटकर रोने लगी। नीचे गिरा बच्चा अब चुप हो गया था। उसकी अंधी आंखें अब खामोश हो गई थीं और वह वहीं लेट गया था। उसको शायद आदत थी, इस तरह गिरा दिए जाने की, इस तरह उपेक्षित छोड़ दिए जाने की। वह रूठता नहीं था, वह मान-मनोवल नहीं जानता था। वह जैसे बचपन में ही बूढ़ा हो चुका था। प्रोफेसर ने कहा—क्या नाम है बेटी तुम्हारा?

लड़की ने कहा—मधुमती। और फिर जैसे उसे याद आ गया—नहीं, नहीं, मेरा नाम अनारो है।—और वह अपनी एक टांग से लड़खड़ाती-सी पीछे हटकर खड़ी रही, क्योंकि उसकी दूसरी टांग टेढ़ी थी, छोटी थी।

प्रोफेसर ने भर्राए स्वर से कहा—मधुमती, अनारो।—और जैसे दिमाग में एक बिजली सी कौंध गई। उन्होंने कहा—बेटी, तू मुझे सच बात बता, तू किसकी लड़की है? तेरे ये दो नाम कैसे हैं?—लड़की फिर गुमसुम हो गई।

"तू बोलती क्यों नहीं?"

लड़की ने कहा—मैं आपको कुछ नहीं बताऊंगी। एक बार मैंने बताया था तो उन्होंने मां को खत्म कर दिया। इस बार मैं आपको नहीं मरवाऊंगी। आप बहुत अच्छे आदमी हैं। मैं नहीं चाहती कि वे आपको भी खत्म कर दें।

प्रोफेसर को लगा जैसे वह धरती पर नहीं थे। उनकी आंखों के सामने अंधेरा-सा छा गया। निर्मला का खून से भीगा हुआ शरीर उनके सामने आ गया। उन्होंने आगे बढ़कर कापते हुए हाथों से दराज खोली और पिस्तौल निकालकर कहा—लड़की! तू प्रोफेसर उमाशंकर के सामने खड़ी है। तुझे डरने की कोई जरूरत नहीं। मुझे सच-सच बता। अगर तुझे किसी का डर है तो

देख मेरे हाथ में यह पिस्तौल है। इसमें गोली भरी है। मैं उस आदमी को फांसी पर लटकवा दूंगा, तू मुझसे सारी बात कह।

लड़की ने एक बार पिस्तौल की ओर देखा और एक बार प्रोफेसर की ओर। फिर जैसे उसमें आत्मविश्वास जाग उठा।

13

लड़की कहने लगी—मैं गोवर्धन के साथ जा रही थी। यह बच्चा मेरी गोद में था। मास्टर आया और उसने गोवर्धन को बुलाया और कहा, क्यों रे, मैंने सुना है कि तू आजकल ठीक काम नहीं करता?

गोवर्धन डर गया, लेकिन उसने हिम्मत बांधकर कहा—क्या ठीक काम नहीं करता? जो पैसा मुझे लोगों से मिलता है वह तुम्हें पहुंचा देता हूं।

मास्टर चला गया। उस दिन दोपहर के वक्त गोवर्धन जब लौटकर आया तो उसका मुंह सूजा हुआ था।

मैंने कहा—गोवर्धन!

वह बोला नहीं।

मैंने कहा—भैया, तू ही तो एक मेरा सहारा है तू नहीं बोलेगा तो और कौन बोलेगा?

गोवर्धन रोने लगा। तब उसने बताया, उसको किन्हीं तीन आदमियों ने खूब मारा था। इतना मारा था कि उसके अंग-अंग दुःख रहे थे। और उन्होंने उससे कहा था—हमारे कान में यह बात आई है कि तू इधर-उधर बड़े घरों में जाकर हम लोगों की शिकायत करने लगा है। लेकिन याद रख, तेरे टुकड़े करवा दिए जाएंगे और किसी को पता भी नहीं चलेगा कि तू कहां चला गया।

मैं रोने लगी। मैंने कहा—गोवर्धन, कब तक हम यहां फंसे रहेंगे। मैं दिन-भर इस बच्चे को लिए मोड़ पर खड़ी भीख मांगती रहती हूं। वह कौन आदमी है जो हम लोगों के ऊपर नजर रखता है? मैं भाग भी नहीं सकती, लंगड़ी हो गई हूं। उन्होंने मेरी टांग इसलिए ही तो तोड़ी थी।...

प्रोफेसर की आंखें आश्चर्य से फैल गईं। उनमें जैसे एक आतंक थर्रा उठा। उन्होंने भर्राए स्वर से कहा—क्या कहा? टांग तोड़ी गई थी, तो क्या तू

लंगड़ी नहीं थी।

लड़की फूट-फूटकर रोने लगी। प्रोफेसर आहत से खड़े रहे, जैसे उन्हें कुछ सूझ नहीं रहा था कि वे क्या कहें। लड़की के गंदे बालों को अपने हाथों से सहलाया और कहा—डर मत, बेटी। फिर क्या हुआ? कैसे तोड़ी थी, उन्होंने तेरी टांग?

लड़की के रोंगटे खड़े हो गए। उसने रोते हुए कहा—उफ, मैं उसकी याद करती हूं तो मुझे डर लगने लगता है। उन्होंने खल्लड़ पर रखकर मेरी टांग को तोड़ दिया था। और जैसे उसकी घिग्घी बंध गई।

प्रोफेसर ने दोनों हाथों से अपने बालों को नोच लिया, मानो उन्हें भयानक क्रोध आ रहा था। उन्होंने आवेश से कहा—किसने किया था ऐसा काम?—उन्होंने पिस्तौल को सामने झुका लिया।

"मैं उन्हें नहीं पहचानती। वे कहीं बम्बई से आए थे और उन्होंने ही इस बच्चे को अन्धा किया था। और तब मुझसे कहा गया था कि इस बच्चे के अन्धेपन के नाम पर अपनी लंगड़ी टांग दिखा-दिखाकर मैं कुछ भीख मांगूं। उसी दिन विधवा आश्रम में दो नई लड़कियां लाई गई थीं। वे कहीं से भगाकर लाई गई थीं। उन्होंने किसी तरह हम लोगों को सहारा दिया। मैं नहीं जानती उन दोनों का क्या हुआ।"

प्रोफेसर पर जैसे वज्र गिर गया था। उन्होंने कहा—"यह महात्मा गांधी का देश है? यह राम, कृष्ण और बुद्ध का देश है? मैंने सुना था कि अमेरिका में कत्ल, डाका और जुआ आज उसकी संस्कृति के अंग बन गए हैं। गन्दी से गन्दी बीमारियों के इलाज निकालने के लिए डाक्टरों में होड़ मची रहती है, क्योंकि गन्दी बीमारियां वहां की संस्कृति और समाज का अंग हो गई हैं। लेकिन यह आजाद हिन्दुस्तान किधर जा रहा है? और किसी का कुछ नहीं होता!—फिर जैसे उन्हें ध्यान आ गया, बोले—हां बेटी, फिर क्या हुआ।

तब गोवर्धन ने मुझसे कहा—यह देख मेरे अंग-अंग पर कैसे नील पड़ गए हैं। मैं जाऊंगा। मैं इसका भंडाफोड़ कर दूंगा। मैं आज एक बहुत बड़े घर में गया था। मैं वहां जाकर टेलीफोन करा दूंगा। पुलिस आ जाएगी और इन सबको गिरफ्तार करा दूंगा। मैं जानता हूं, यह कितना बड़ा गिरोह है। ये लोग हमसे भीख मंगवाते हैं क्योंकि हम अनाथ हैं। मैं पुलिस को बता दूंगा कि अच्छे घरों के बच्चे चुराए जाते हैं, गरीबों के बच्चे उड़ा लिए जाते हैं। विधवा आश्रम

और अनाथालय भिखारियों और रंडियों को पैदा करने के अड्डे बन गए हैं। धर्म के नाम पर पैसा इकट्ठा किया जाता है और ये लोग खाते हैं। जिन लोगों ने यह काम शुरू किया था उन्होंने समाज को सुधारने की कोशिश की थी, लेकिन जिन लोगों के हाथ में आज सब कुछ आ गया है उन्होंने इसे अपनी रोजी का ज़रिया बना लिया है।

प्रोफेसर ने भारी स्वर में कहा—बहुत समझदार लड़का था। उसने बिलकुल ठीक कहा। इस दुनिया में ऐसा ही होता हैं। एक अच्छा आदमी अच्छा काम शुरू करता है, लेकिन उसके बाद आनेवाले लोग उसको खत्म कर देते हैं और उसकी डाली हुई नींवों पर ठीक वैसी ही इमारत खड़ी करते हैं जैसीकि पहले के मकानों की होती है। ईसा ने आदमी को आजाद कराने के लिए अपने को सूली पर चढ़वाया था, लेकिन उसके बाद उसका सबसे बड़ा मखौल करने के लिए यूरोप में पोप पैदा हुए। मुहम्मद ने इंसान को एक करने के लिए नारा लगाया था, लेकिन बाद के बादशाहों ने लूट के लिए इस्लाम का झंडा फहराया। और आज गांधी के देश में?

हठात् प्रोफेसर का स्वर बदल गया और जैसे वे अपने-आपसे कहने लगे—कोई सुननेवाला नहीं है। जो फांसी लगाता है, कानून आज उसी के हाथ में है। वह जो कुछ खुद कहता है, वही कानून है, वह देश-सेवा है, वह राष्ट्रीयता है। उसके सारे झूठ-फरेब अब सच्चाई बन गए हैं। उसकी सारी दुरंगी और दोगली चालें आज ईमान बन गई हैं। इसलिए कि बेवकूफों की जमात असलियत को नहीं जानती। इसलिए कि चन्द समझदार लोगों की आवाज घोटी जा सकती है और उसकी कोई कीमत नहीं। एक भयानक दानव आज हुंकार रहा है। उसको रोकने की किसी में हिम्मत नहीं है, क्योंकि जो उसके सामने आएगा, वह उसको अपने मुंह से आग उगलकर खत्म कर देगा।—फिर जैसे उन्हें याद आया, बोले—फिर क्या कहा गोवर्धन ने?

लड़की कहने लगी—गोवर्धन ने कहा, निर्मला बहिनजी को मैं आज देख आया हूँ। उन्होंने मेरा पता ले लिया है। मैं उनके घर जाऊंगा तो लोगों को शक हो जाएगा। मेरे पास अभी भी आठ आने पैसे बचे हुए हैं, जो मैं छुपा गया हूं, जो मैंने किसी को नहीं दिए हैं। मैं उनको किसी पब्लिक काल से टेलीफोन करूंगा। मुझे मालूम है, उनका नम्बर क्या है, क्योंकि जब मैं उनके घर से निकला था तो उनकी किसी चिट्ठी का एक टुकड़ा पड़ा था। मैंने पता याद रखने के

लिए उसे उठा लिया था। उसपर नम्बर भी लिखा है।...

"फिर?" प्रोफेसर ने कहा।

"फिर उसने मुझे बताया था," लड़की ने कहा कि उसने टेलीफोन कर दिया था। और निर्मला बहिनजी आईं। मैंने भी उन्हें देखा। मैंने उन्हें बताया कि औरत कैसे बेची जाती थीं। गोवर्धन ने उन्हें बताया कि किस तरह अनाथ लड़कों को भिखारी बनाया जाता है, लड़कियों से भीख मंगवाई जाती है। तब उन्होंने कहा—मैं अभी पुलिस में जाती हूं। और वे चल पड़ी थीं।

"उसके बाद?" प्रोफेसर ने कहा।

लड़की ने कहा—उसके बाद मुझे कुछं पता नहीं। आज यहां मैंने उनका फोटो देखा तो मुझे रुलाई आने लगी। क्या वे यहीं रहती हैं? क्या वे यहां आनेवाली हैं?

प्रोफेसर को लगा जैसे उनका सिर फट जाएगा, किन्तु वे रोए नहीं। उन्होंने कहा—हां। वह यहीं रहती थी, लेकिन अब वह कभी लौटकर नहीं आएगी।

लड़की ने उनकी ओर देखा। उसकी आंखों में विस्मय था। प्रोफेसर उससे ऐसी बातें करने लगे जैसे वह बड़ी समझदार थी। बोले—अब मेरी समझ में आया कि निर्मला कहा गई थी। तो उसने मेरा नाम डुबाया नहीं। उसने एक पवित्र कार्य में अपने जीवन को होम दिया। उस वक्त मैं घर पर नहीं था जब वह गई थी। उसने शायद माधो को इसलिए नहीं बताया होगा कि माधो उसे रोक लेगा। माधो कहता था कि उस वक्त नरेश का भी फोन आया था। इसलिए शायद उसने कुछ पूछा भी नहीं होगा। और वह निडर लड़की अकेली चली गई। मुझको लगता है कि उन्हीं लोगों ने किसी कारण से उसकी हत्या कर दी होगी।

"क्या बहिनजी मर गईं?" लड़की पुकार उठी।

"नहीं।" प्रोफेसर ने कठोर स्वर से कहा—वह मार डाली गई। उसको उन्हीं लोगों ने मारा है जिन्होंने तेरी टांग तोड़ी थी, जिन्होंने इस बच्चे को अन्धा किया था। समाज में पहले से ही कोढ़ मौजूद था और उस कोढ़ को बढ़ाने के लिए यह खाज और छा गई है।—प्रोफेसर ने क्रोध से अपना नीचे का होंठ भींच लिया। मानो वे कुछ निश्चय कर रहे थे।

किन्तु इसी समय बत्तियां बुझ गईं। महाराज पहले ही भाग चुका था। माधो कुछ भिखारियों के साथ बाजार सामान लेने चला ही गया था। बाकी भिखारी बाहर बैठे थे। लड़की बड़ी जोर से चिल्ला उठी। उसकी चिल्लाहट से

वह बच्चा भी रोने लगा। अन्धकार में प्रोफेसर की पिस्तौल की गोली चली। दूसरी बार फिर धांय हुई। गोली चलने की आवाज़ सुनकर बाहर के भिखारी उठ-उठकर भागने लगे। अंधेरे में कुछ धक्कम-धक्की-सी होने लगी। लड़की उस बच्चे को गोद में लिए हुए बाहर की तरफ चिल्लाती हुई भागी। लंगड़ी टांग से भागते हुए जैसे उसका दम निकलने लगा, लेकिन जब बाहर निकलकर सड़क पर से देखा तो चारों ओर सन्नाटा था। वह एक ओर को भाग चली।

जब माधो लौटकर आया, उसने देखा बंगले में अंधेरा छा रहा था। बिलासी और बांके अपने साथियों के साथ पूड़ियों के ढकोले लाद ले आए थे। उन्होंने उनको उतारकर बरामदे में रख दिया और सुस्ताने लगे।

बिलासी ने कहा—यार, यहां से सब लोग कहां चले गए? सन्नाटा कैसे छा गया?

माधो ने कहा—मालिक पागल हो गए हैं। कोई दूसरी सनक आई होगी। सबको लेकर चले गए होंगे।

"तो इन पूड़ियों का क्या करें? खानेवाले तो हैं नहीं।"

माधो ने बरामदे में बैठते हुए हताश स्वर से कहा—इनको लेकर तुम लोग चले जाओ। अब कोई पूछनेवाला नहीं है, कहनेवाला नहीं है।

वे लोग हर्षित से ढकोले उठाकर चल पड़े। रास्ते में बिलासी ने कहा—यार बांके, मजा आ गया। वे तो साले सब न जाने कहां चले गए। तेरा क्या ख्याल है, अपने लोग कहीं बैठकर खा क्यों न लें?

बांके ने कहा—यार क्या इतनी खाई जाएं? यह पचास आदमियों का खाना ठहरा!

तीसरे व्यक्ति ने कहा—तो पांच तो हम हैं ही।

चौथा बोला—भई, अपनी राय कुछ दूसरी हो रही है। तुम भले ही बुरा मानो।

बिलासी ने कहा—वो क्या?

उस व्यक्ति ने कहा—अब ले जाओ, ढूंढ़-ढूंढ़कर दो। और किसी पर अहसान नहीं! अपनी राय तो यह हो रही हैं कि ढकोले और साग लेकर सीधे किसी सुनसान की तरफ चल दो। रात को चैन से डटकर खाया जाए, सवेरे खाया जाए, कल शाम को खाया जाए। तो पन्द्रह आदमियों का खाना तो यह निकल गया। यार, पूड़ियां हैं, कोई एक दिन में बिगड़ने वाली चीज नहीं। परसों दोनों

वक्त आराम से खाया और सोया जाए, तो दस आदमियों का और निकल जाए। पच्चीस हो गए। अब उसके बाद की बात है। पच्चीस आदमियों की कसर रह गई। तो और कुछ कुत्तों-वुत्तों को डाल देंगे जो नहीं खाया जाएगा। हम तो कहेंगे, जब तक खाया जाए तब तक इस साले को खा डालें।

बांके ने कहा—तुम्हारी कसम, बड़ा मज़ा आएगा। मैं भी तीन-चार दिन के लिए आराम से दिन-भर चैन से सोऊंगा। दिन-भर बीड़ियां बेचते-बेचते मेरे पैरों में छाले पड़ गए। घुंघरू बजाते-बजाते, नाचते-नाचते मैं तो थक गया हूं।

बिलासी ने कहा—तो यह राय पक्की रही फिर। बूढ़े को बुला लिया जाए तो कैसा रहेगा?

उस दल का अन्तिम व्यक्ति बोला—तुम बूढ़े को बुला लो, बूढ़ा अनोखी को बुला ले, लीजो रे, दीजो रे। फिर आराम काहे का रहे। चार दिन की मस्ती है, चार दिन की। और दिन-भर में इधर-उधर से कुछ न कुछ ले ही आएंगे। और जो मीठा संग में चल गया, वाह क्या बात है!

इस प्रकार निर्णय करते हुए उन्होंने एकान्त मार्ग पकड़ लिया। यहां जीवन का एकमात्र उद्देश्य था कि हाथ में आए खाने का पूर्ण रूप से उपयोग कर लिया जाए। इसको नष्ट न होने दिया जाए। ऐसे मौके बार-बार नहीं आते। और मौका कभी किसी के हाथ में नहीं होता।

माधो बरामदे में ही पड़ा रहा। आज उसके लिए कुछ भी शेष नहीं था। घर खुला रहे या बन्द रहे, इसका उसके लिए कोई महत्त्व नहीं था। जब घर का मालिक घर के दरवाजे खुले छोड़कर चला गया तो उसकी क्या हस्ती है कि जो वह उन सबको बन्द करने की कोशिश करे। उसका हृदय मानो टूक-टूक हो रहा था। वह वहीं लेटे-लेटे रोने लगा। उसका मन किया कि वह जोर-जोर से चिल्लाए, लेकिन फिर बिचारा किसलिए? उसकी आवाज को सुननेवाला भी कौन था? दो दिन पहले ही तो सब कुछ इतना सुहावना था। यह चांदनी बिलकुल चार दिन की साबित हुई। सब कुछ आया और लौट गया, ऐसे कि जैसे आंधी आती है और सारे तिनके उड़ा ले जाती है, कुछ बाकी नहीं रहता।

रात गहरा चली थी। आकाश में नक्षत्र झिलमिल करने फिर आ गए थे। बाग में कोई पक्षी बोल उठा जिसकी पतली आवाज रात के सन्नाटे को भेदकर जैसे एक झिल्ली-सी उतारी गई और उस आवाज़ के बन्द होते ही वह झिल्ली जैसे फिर लौटकर जहां की तहां इकट्ठी हो गई। माधो हताश-सा पड़ा रहा।

आज उसके जीवन में कोई लक्ष्य नहीं था। आज उसके जीवन में कुछ भी शेष नहीं रहा था।

14

अगले दिन दयानाथ ने कहा —यार महेश, आज तू प्रोफेसर के यहां चला जा, क्योंकि अब परसेण्टेज का मामला तय हो जाना चाहिए।

महेश ने कहा—यार, कुछ मामला होता नज़र आता नहीं। पता नहीं प्रोफेसर की लड़की को कौन मार गया। बूढ़े की इकलौती बेटी थी। उसको सदमा बैठ गया है। वह कालेज तो आता नहीं। मैं कल गया था, लेकिन वह घर पर भी नहीं था। अब मैं कहूं तो किससे कहूं?

दयानाथ ने कहा—तुम तो उन आदमियों में से हो जिनके साथ कोई न कोई चोट होना जरूरी है। दुनिया का काम आसानी से हो जाएगा, मगर आप कुछ ऐसी किस्मत लेकर पैदा हुए हैं कि कुछ न कुछ अड़ंगा लगना जरूरी है।

महेश ने अखबार पर नजर दौड़ाते हुए कहा—यार, अजीब बात है, अभी एक खून होकर चुका है प्रोफेसर की लड़की का, आज एक अनाथालय के लड़के की लाश और कुएं में बरामद हुई है। यह किस्सा क्या है? अनाथालय के लड़के कोई ऐसे इज्जतदार तो होते नहीं जो यह समझा जाए कि खुद मर गया हो। जिन्दगी-भर साले भीख मांगते हैं। उन्हें सिखाया भी जाता है भीख मांगना।

दयानाथ ने कहा—यार काज़ीजी, शहर का अन्देशा छोड़, परसेण्टेज का ख्याल कर, परसेण्टेज का। गया होगा साला कहीं, रपटकर ही गिर गया होगा। खैर, अखबार में पढ़ो, आगे क्या लिखा है!

"यहां तो यह लिखा है कि मृत्यु का कारण अज्ञात है।"

"वाह भई, वाह!" दयानाथ ने कहा—मृत्यु का कारण अज्ञात? मृत्यु का कारण तो बिलकुल ज्ञात था; अनाथ था, भूखा होगा, मर गया होगा। जिस समाज में लोग भूखे मरते हों उसमें अज्ञात तो कुछ हो ही नहीं सकता। खैर जी, अपन को क्या? यह तो प्यारे दुनिया है। और दुनिया तो यों ही चलती चली आई है। कौन-सा आदमी खोपड़ी खुजाता है, जानते हो? बताओ!

महेश ने कहा—क्या कहा, खोपड़ी?

‘‘अरे मियां खोपड़ी!’’ दयानाथ ने कहा—हमसे सीखो। अभी तुम्हें तजुर्बा जिन्दगी का कम है। तीन तरह के आदमियों की खोपड़ी खुजाया करती है—वे जो हाल में टांट मुड़ाकर आते हैं, या जिनके सिर में जुए घुस जाती हैं या...

महेश ने चिढ़कर कहा—रहने दीजिए, मुझे आपकी यह नई थीसिस नहीं सुननी है।

‘‘जाने दो।’’ दयानाथ ने कहा—तुम्हारी किस्मत में अच्छी-अच्छी बातें सुनना ही नहीं है। लेकिन अपनी गफलत दूर करो। अब भी कुछ कोशिश करो। हमने यह भी सुना है कि यूनिवर्सिटी के क्लर्क, हेड क्लर्क को रिश्वत देने ने परसेण्टेज पूरी हो जाया करती है। कहते हैं, जब मियां खलील-खां फाख्ता उड़ाया करते थे तब कालेज के प्रोफेसर बड़े शरीफ हुआ करते थे। मगर अब तो रुपये लेकर नम्बर भी बढ़ा दिए जाते हैं। टेक्स्ट-बुक कमेटी के मेम्बर बनकर लोग हज़ारों रुपये रिश्वत के डकार जाते हैं और वे दुनिया का ज्ञान-दान देते हैं। महेश, तुम्हारा तो यार जिन्दा रहना बेकार है। तुम्हारे लिए सबसे अच्छा रास्ता यह है कि तुम फौरन से पेश्तर खुदकुशी कर लो।

महेश ने कहा—ए हकीम, दूसरे का इलाज करने से पहले यह जान रख कि तेरे मरीज का वही मर्ज है जिससे तू खुद सताया हुआ है। अपनी दवा को पहले अपने पर आजमा ले, तभी दूसरे को तू सलाह दे, क्योंकि जब तक वह तुझपर उसे कारगर होते नहीं देखेगा तब तक उस पर उसको यकीन कैसे आएगा?—वह उठ बैठा। उसने कहा—भई, अब हम तो चले।

‘‘क्यों, अब तुम्हें कहां काम आ गया?’’

‘‘उस नरेश से मिल आएं जरा।’’

‘‘अब उस नरेश के पास जाने से क्या फायदा! अब उसकी क्या कौड़ी उठती है! दामाद की ससुराल में तब तक कद्र होती है जब तक कि उसकी बीवी जिन्दा रहती है और जब वही टूट जाए जिसका कि सहारा हो तो दूसरों की छोल-पट्टी की चीजें अपने-आप नीचे लुढ़क जाएंगी। लिहाजा अपनी राय में यह काम बिलकुल फिजूल है। उस दिन उसको एक आदमी ने मार लगाई थी। जब उससे कोई हमदर्दी से बात करने नहीं गए तुम! सोचा था, चलो लुत्फ ही देखेंगे, और एक पंथ दो काज। सवेरे तो सोचा था, इस वक्त उससे कुछ हमदर्दी दिखा दो शायद परसेण्टेज में कुछ काम आ जाए, मगर यह सब हुआ नहीं।

महेश ने कहा—यार, तुम भी कमाल करते हो! अरे भई, कोई इन्सानियत का भी तकाजा है। बेचारा गमजदा है, परेशान है। इस वक्त जरा हो आते हैं उसके पास।

''हां।'' दयानाथ ने कहा—यों जब कोई काम नहीं तो यह काम भी बुरा नहीं। कोशिश कर देखो, इन्जीनियर है, कहीं ओवरसियरी, जिलेदारी तुम्हारे हाथ में पड़ जाए।

महेश ने कपड़े पहनते हुए कहा—तुम्हारे ख्यालात बड़े गन्दे हैं। सोचते नहीं क्या बकना है, क्या नहीं बकना है। लेकिन भई, हम तो जाएंगे। वह बेचारा बड़ा शरीफ आदमी है। दो-दो कौड़ी के आदमी विलायत क्या हो आते हैं, अपने बाप को पहचानना बन्द कर देते हैं।

दयानाथ ने सिर हिलाकर कहा—हां, यह तो उसकी वाकई शराफत है, इतना बड़ा आदमी होने पर भी नाकिस आप जैसे आदमी से भी बात कर लेता है।

महेश मन ही मन चिढ़ा और उसने कहा—अब तुम बैठे यही अफसोस करते रहे अपनी जिन्दगी-भर! चन्द आदमियों को यह भी जलन होती है कि उनके किसी दोस्त की किसी शरीफ आदमी से दोस्ती क्यों हो गई।

जब वह नरेश के यहां पहुंचा, नरेश सो रहा था। नौकर ने कहा—अभी तक जगे नहीं हैं।

महेश ने कहा—जागे नहीं! क्या बजा है, यह भी पता है—पौने नौ बजे हैं, पौने नौ!

नौकर ने कहा—रात को मेरी आंखें खुली तब शायद दो बजे होंगे। उस वक्त भी बैठे-बैठे सिगरेट पी रहे थे।

महेश ने उस व्यथा को पहचाना और चला आया। फिर उसे ध्यान आया, क्यों न ऐसे में जाकर एक बार प्रोफेसर से भी हमदर्दी दिखा दी जाए। इस वक्त उसके पास तरह-तरह के लोग आ रहे होंगे। मुलाकात हो हो जाएगी।

जब वह प्रोफेसर के घर पहुंचा तो उसे चारों ओर सन्नाटा नज़र आया। बरामदे में माधो सो रहा था। उस वक्त पौने दस बजे थे। उसे बड़ा आश्चर्य हुआ। उसने पुकारकर कहा—अरे भाई सुनते हो! क्या सोने का वक्त निकाला है?

माधो उठ बैठा और उसकी ओर ऊबी हुई दृष्टि से देखा।

महेश ने कहा—क्या बात है? अभी सवेरा नहीं हुआ!

माधो ने कहा—अब सवेरा कभी होगा भी नहीं, क्योंकि ऐसी रात आ गई है जो कभी बीतना नहीं चाहती।

महेश को आश्चर्य हुआ। क्षण भर वह सोच नहीं पाया कि इसका क्या उत्तर दे। फिर उसने बात बदलने के लिए कहा—प्रोफेसर साहब हैं?

माधो ने कहा—पता नहीं। मैं तो जब रात को आया तब ऐसे ही दरवाजे खुले थे। अंधेरा छाया हुआ था। कल रात को न जाने कहां के लुच्चे-लुंगाड़ों को इकट्ठा कर लाए थे। मुझे तो दो-तीन भिखमंगों के साथ भेज दिया था कि इनके लिए पूड़ियां बनवा ला। लौटकर आकर देखा, कोई नहीं था। चल दिए न जाने कहाँ उनको लेकर फिर! उनका दिमाग ठीक थोड़े ही है अब।

इसी समय अन्दर से निकलकर एक कुत्ता भागा। फिर ऐसा लगा जैसे दो कुत्ते भोंक रहे हों। माधो ने उठकर कहा—अच्छा तो अब आप लोग यहां आ गए हैं।—और उसने महेश की ओर मुड़कर कहा—आपको कोई काम है क्या? अब कोई काम पूरा नहीं होगा।—उसने उत्तर की प्रतीक्षा किए बिना ही कहा।

इसी वक्त भीतर टेलीफोन की घंटी बजने लगी। महेश ने कहा—जरा इत्तला तो दे दो।

माधो भीतर चला गया और कुछ ही देर बाद महेश ने सुना, एक भयानक चीत्कार गूंज उठी। और जैसे आकाश को फाड़ देनेवाला हाहाकार—मालिक, मालिक—करके गूंजता हुआ महेश के हृदय को हिला गया। महेश बिना कुछ सोचे हुए भीतर घुस गया।

माधो चिल्ला रहा था। धरती पर सिर कूट-कूटकर चिल्ला रहा था—अरे मैं मर क्यों न गया रात! रात-भर मालिक नीचे सोते रहे और मैं उन्हें बाहर पड़ा-पड़ा कोसता रहा!

महेश ने आगे बढ़कर देखा, प्रोफेसर की मुट्ठी में पिस्तौल अभी तक थी। वे नीचे पड़े हुए थे और कुत्तों के खाए हुए उनके शव में से जगह-जगह गोश्त के टुकड़े उड़ गए थे। महेश देखता रहा और माधो का भयानक हाहाकार प्रतिध्वनित होता रहा। आज जैसे उसका कहीं कोई अन्त नहीं था। प्रोफेसर के सीने में घुसा हुआ छुरा अभी तक सीधा गड़ा हुआ महेश ने देखा और वह आतंकित-सा देखता का देखता रह गया।

•••

नयी किताब प्रकाशन समूह

रांगेय राघव के चर्चित उपन्यास